貨幣・雇用理論の基礎

大瀧雅之
MASAYUKI OTAKI

Foundamentals of
the Theory of
Money and Employment

keiso shobo

私の家族に

「ほら，ぼくの秘密．これはいとも単純なものだよ．心で見ないかぎり，ものごとはよく見えない．ものごとの本質は，眼では見えない．」
'Voici mon secret. Il est très simple: on ne voit bien qu'avec le coeur. L'essential est invisible pour les yeux.'

Atoine de Saint-Exupéry 著 *Le Petite Prince* より
（小島俊明訳注『フランス語で読もう「星の王子様」』第三書房による）

はしがき

　本書は，『景気循環の理論：現代日本経済の構造』，『動学的一般均衡のマクロ経済学：有効需要と貨幣の理論』(いずれも東京大学出版会) に続く，筆者の三作目の理論書である．過去二作が，それぞれマクロ経済の供給サイド，需要サイドに力点を描いたもの (もちろんどちらも動学的一般均衡理論だが) であったのに対し，本書は第4章に集約されるように，その双方を微妙なバランスの上で取り入れた，より一般的な分析になっている．

　無論，本書の基本的トーンは第二作に近いものであり，それとの関係でいえば，本書は東京大学移籍以降，ほぼ15年にわたる筆者のケインズ経済学研究の集大成である．第二作『動学的一般均衡のマクロ経済学』では，理論の数理的骨子はほぼ掴めていたが，私にはその経済学的含意がいま一つはっきりできていなかった．

　より具体的には，物価水準が貨幣供給量から独立となることが貨幣の非中立性を示すものであることは前書でも議論したが，いま一歩踏み込んで，無数にある均衡のうち名目貨幣の供給量に，現在の物価水準が反応しない均衡を選び出してくる，その経済学的論理に手が届いていなかった．この問題は第1章で解決される．

　また貨幣経済において，独占的競争均衡がワルラス均衡の配分をパレートの意味で支配することもわかっていたが，そのようなパラドクシカルな結論が得られる経済的メカニズムもわからなかった．この問題も玉井義浩氏 (神奈川大学准教授) の助けを得て，無事第2章で解決できた．要するに前著における私は，まだ貨幣の持つ固有の性質について理解が浅かったのである．

なお『動学的一般均衡のマクロ経済学』が一般向けに書かれているのに対し，プロ向けに簡素を旨とした本書は，計算の結果のみを記した個所も多い．もし本書を難しく感じる読者がいれば，ぜひ前著も参考にされたい．

本書の刊行により，私はケインズ経済学の立場から，ある程度一貫したものの見方ができるようになった．私にとってはこの上ない喜びである．このような遅々たる歩みにも，多くの方の励ましがあってこそのものである．

勤務先である東京大学社会科学研究所からは，末廣昭所長のもと恵まれた研究環境を提供して戴いている．また昼時の仁田道夫教授，中村圭介教授，中川淳司教授とのディスカッションは，専攻が異なるだけに本当に楽しいものである．そして故橋本寿朗教授とのつきせぬ酒宴は，私にさまざまなものを教えてくれた．

また顧問を務める日本政策投資銀行設備投資研究所では，花崎正晴所長の人柄も反映して，リベラルな研究・議論の場を数多く提供して戴いている．無内容で声だけ大きいセミナーが多いこの頃，ここでのそれは，宇沢弘文先生，宮川公男先生，貝塚啓明先生，堀内昭義先生ら重鎮の存在もあって，活発な意見交換のもとまことに充実している．本書の基礎となる研究のほとんどは，設備投資研究所のセミナーにおいて報告されている．

また第2章の一部および第4章の共同研究者である玉井義浩氏は，音楽を愛する謹厳にして実直な青年であり，本書の執筆に当たっても大変お世話になった．ここに記して御礼申し上げる．不遜に流れるのを恐れるが，同氏には研究者としてのさらなる飛躍が大いに期待される．

また勁草書房の宮本詳三氏は，本書刊行まで10年あまりの余裕を下さり，熱心かつ緻密に筆者をリードして戴いた．氏の寛容と温顔がなかったら，本書は到底ならなかったであろう．

最後に私事にわたるが，私のたびたびの病にもかかわらず，変わることない絆で支えてくれた，亡き父母も含めた私の家族に心から感謝の意を表

したい.

2011 年 2 月 9 日

大瀧　雅之

目　次

はしがき

序章　本書の目的と構成 3
　本書の目的　3
　本書の構成　6

第 I 部　ケインズ理論の再構築を目指して

第 1 章　価格と貨幣の基礎理論 13
　1.1　経済活動の中心は貨幣　13
　1.2　限界費用か貨幣数量か　14
　1.3　価格の硬直性＝貨幣の信頼性　17
　1.4　インフレは貨幣的現象か　19
　1.5　Keynes-Walras 型モデル　23
　　1.5.1　モデルの構造と仮定　23
　　1.5.2　家計・企業の最適化問題　24
　　1.5.3　市場均衡：45°線分析のミクロ動学的基礎　26
　　1.5.4　構築された理論の確認　29
　1.6　貨幣数量説との理論的関連　29
　　1.6.1　マネタリストモデル　33
　　1.6.2　貨幣の供給ルールについて：ルーカス理論解剖　36
　章末付録　指数理論の基礎　38

第 2 章 寡占と雇用の基礎理論 43

- 2.1 寡占の動学的意義 43
- 2.2 Keynes-Chamberlin 型モデル 46
  - 2.2.1 独占的競争の考え方 46
  - 2.2.2 モデルの諸仮定 47
  - 2.2.3 個人と企業の最大化問題 51
  - 2.2.4 市場均衡 54
  - 2.2.5 有効需要管理政策の厚生経済学的意義 54
- 2.3 寡占の効能 56
  - 2.3.1 物価水準とインフレ率は別の変量 56
  - 2.3.2 静学分析と厚生経済学第一基本定理の限界 57
  - 2.3.3 寡占はなぜ経済厚生を高めるか 61
- 補遺 デフレの場合 64
- 章末付録 Kiyotaki-Wright モデルの再検討 65

第 3 章 非自発的失業の存在証明 71

- 3.1 「完全雇用政策」の政治経済学的意義 71
- 3.2 企業は誰のものか 74
- 3.3 名目賃金交渉と「非自発的失業」: Keynes-Carr 型モデル 76
- 3.4 モデル分析 80
- 章末付録 労働組合性悪説（口入屋理論） 82

第 4 章 フィリップス曲線再考 85

- 4.1 フィリップス曲線は市場の不完全性を表すものか 85
- 4.2 労働の学習効果について 87
- 4.3 モデルの設定 89
  - 4.3.1 モデルの構造 89
  - 4.3.2 個人 89

　　　　　　　　　目　次

　　　4.3.3　企業　91
　　　4.3.4　政府　93
　4.4　市場均衡　93
　　　4.4.1　総需要関数　93
　　　4.4.2　総供給関数：長期フィリップス曲線　94
　　　4.4.3　市場均衡　95
　4.5　財政・金融政策の経済厚生的意義　96
　4.6　おわりに　96

第 II 部　ケインズ理論の哲学的背景

第 5 章　同時代人としてのケインズ 101
　5.1　道徳科学としての経済学：ケインズとロビンズを中心に　101
　5.2　人間としての労働者：ケインズとピグーを中心に　105
　5.3　おわりに　111

第 6 章　ケインズの政治哲学：ロバート・スキデルスキー著
　　　　　Keynes: The Return of the Master に寄せて　115
　6.1　はじめに　115
　6.2　本書の構成と内容　116
　6.3　技法・近似としての「合理的期待仮説」　132
　6.4　『貨幣・雇用理論の基礎』の政治経済学的意義　133
　　　6.4.1　貨幣の非中立性と不完全雇用均衡　133
　　　6.4.2　フィリップス曲線といわゆる「リフレ論」　136

参考文献 141
人名索引 147
事項索引 149

貨幣・雇用理論の基礎

Foundamentals of the Theory of Money and Employment

序章　本書の目的と構成

本書の目的

　本書の目的は，ケインズ経済学と新古典派ミクロ経済学の「幸せな結婚」にある．このことには次の意義がある．すなわち従来は「腰だめ」で評価されていたマクロの有効需要管理政策を，経済学の基本的な価値判断であるパレート効率性の観点から，評価できるようになるということである．こうした知的営為により，初めて，利権誘導的あるいは人気取りのマクロ政策を排除し，真に国民経済全体に資する政策を考えることができるのである．

　さてそもそも，経済学というある程度体系だった学問で，マクロ経済学とミクロ経済学なる二分法のもと教育が施されている自身，初学者を大いに困惑させる因となっている．すなわち，互いの分野の関係がどうなっているのかが，実は専門家の間でもつい最近まで，不分明であったのである．

　しかしこの問題は，近年，きわめて不幸な形で表面的には決着を見たかの様相がある．解決の道筋は，大まかにいって2通りの方法があった．そしていずれもが，ミクロ経済学との齟齬がある Hicks-Samuelson 流のケインズ体系を包括するのではなく，捨て去る形でなされた．

　一方の極は，「実物的景気循環理論」（RBC: Real Business Cycle Theory）で，貨幣の取り扱いがきわめて不得手な新古典派ミクロ経済学にお

いて，代表的個人を前提とし，意思決定を動学化することで，強引にマクロ的現象を説明しようという解決法である．この立場からすれば，マクロ経済学は，少なくとも理論的には，新古典派ミクロ経済学に完全に吸収されたと考えてよかろう．すなわちRBCの考え方に従えば，マクロ経済学及び関連した貨幣の社会的・経済的分析は，事実上消滅したのである．

もう一方の極は，「新しいケインズ経済学」(NKE: New Keynesian Economics) である．この流派にはいくつかのヴァリエイションがある．一つは第6章で検討される，価格改定に色々な摩擦を導入することで，価格の硬直性を導出する手法がある．これに実質貨幣残高を取り込んだ効用関数を接合すると，名目貨幣供給量の変化がそのまま実質残高のそれと等しくなるから，消費と実質貨幣保有残高の補完関係を前提としておけば，消費が刺激され景気も上昇する．

数学的な「化粧」を剥がしてみると，理論の概要は以上のように仮定からほぼ自明である．名目賃金の固定性を先験的に仮定する旧来のケインジアンの分析も，名目賃金の改定に，膨大な改定費用があると想定していると考えれば，これらの理論にどれほど新味があるかは，誠に疑わしいといわざるをえない．そこで，自らが「貨幣が導入されたRBC」(Galí (2008)) と名乗るがごとく，この流れに属する多くの研究者は，理論の彫琢よりも，モデルの複雑化によってシュミレイションの結果を，「現実」のマクロデータの特色に「似せる」ことに注力している．

本書の基本的な立場は，ケインズのいうが如く，経済学は道徳科学 (moral science) であり，論理学の一分野であるというものであるから，こうした「貨幣が導入されたRBC」の考え方には，きわめて批判的である．すなわち理論ないしはモデルは，すべからくシンプルであってかつそこに深い洞察が秘められたものでなくてはならない，というのが筆者の主張である．

いま一つのNKEの流儀は，Diamond (1982) を嚆矢とするサーチ理論である．これを貨幣経済の存在証明に適用しようとしたのが，Kiyotaki and Wright（1991）である．これは簡単に第 2 章の章末付録で検討するが，理論の構成上，次のような問題を内包している．すなわち彼らのモデルは，貨幣の取引需要を説明することに成功しているかのように見えるが，実は，価値保蔵手段としての貨幣の機能を導入しないと，モデルに矛盾が生ずるという点である．

　第 2 点は，貨幣供給量の変化が実体経済にいかなる影響を及ぼすか，すなわち貨幣の中立性が成立するや否やを分析するには，不向きであるということが挙げられる．つまり貨幣がどういった経路で経済に注入されるかが，不分明であるために，マクロ経済学の中心的課題である貨幣の中立性の成否に関して，当該埋論は無力である．

　以上のように，マクロ理論，とりわけ貨幣の役割を重視するケインズ理論と新古典派ミクロ理論の接合は，実は未だ途に就いたばかりといっても過言ではない．本書はこの問題に，肯定的な方向で，ある程度決定的な決着を付けることを目的としている．具体的な手法は，各章で詳述するが，本章で展開される理論の共通の仮定を詳らかにしておこう．

1. 諸価格の決定に当たって，改定費用や改定機会の制約は一切存在しないものとする．その意味で諸価格は伸縮的であるものとする，これは新古典派ミクロ経済学における標準的な仮定である．
2. 将来価格の予想については，合理的期待仮説を前提とする．これは第 6 章で再び議論するが，ケインズ理論が期待錯誤を前提としているという誤った批判をかわすための便法である．

以上のような標準的新古典派ミクロ経済学の仮定を基礎に，ケインズ経済学の再構築が試みられる．

本書の構成

　本書は2部構成をとっている．第1章から第4章までが，第I部「ケインズ理論の再構築を目指して」を構成する理論パートである．第II部「ケインズ理論の哲学的背景」は第5, 6章からなり，ケインズ理論の「背骨」を，Skidelsky (2009) の力も借りながら，筆者なりに整理する．この両者の相互作用によってケインズ理論が人間肯定の思想 (humanitarian) であることを，読者に説得できれば，筆者としては望外の喜びである．

　さて本論に入る前に，簡単に各章の内容と相互連関を述べておこう．第1章「価格と貨幣の基礎理論」では，ワルラス均衡のもとで，次の定理が成立することを示す．すなわち，「不完全雇用均衡が存在することと貨幣が非中立的になることは確率1で同値である」．言い換えれば，貨幣が中立的となるのは完全雇用状態に限られるわけである．またこれと同時にワルラス均衡下においても，初等的な財政乗数理論が成立することが示される．

　第2章「寡占と雇用の基礎理論」は，第1章の理論の拡張である．すなわち世代重複無限期間モデル (overlapping generations model in infinite time horizon) においては，厚生経済学の第一基本定理が成り立つ保証がない．実際われわれの理論では，財市場に独占的競争の概念を導入すると，ワルラス均衡に比べ，独占利潤の分だけ余剰が生まれ，経済厚生が高まる．

　このような理論の拡張は，有効需要管理政策に厚生経済学的な基礎を与える働きがある．すなわち，われわれの設定では独占利潤は実質GDPに正比例する（各々の需要関数が実質所得に関して線形となるため）．したがって不完全雇用均衡下で貨幣が非中立的なら，拡張的金融政策は，独占利潤の増加を通じて，パレートの意味で経済厚生を高めるのである．

第3章「非自発的失業の存在証明」は，第2章の理論の拡張である．つまりこれまで完全競争的であると仮定してきた労働市場をより現実に近い形で，理論化し直すわけである．一般に一つの企業の労使関係は，「相互規定的」(reciprocally prescriptive) であると考えられる．本書において「相互規定的」とは，次のように定義される．すなわち，

定義1　「相互規定的」とは次のような構成要件を満たすゲームの構造をいう．
1. お互い別のプレーヤー（企業・個人）とプレーすると，全く利得が得られない．
2. 一緒にプレーした時の利得総額の分配が限界原理によっては指定できない．

労使がこうした関係にあるとき，名目賃金交渉は内部者同士の利得総額の分配ルールを指定する作業として，みなすことができる．そしてその賃金を参照しながら（あるいは合理的に予想しながら），企業家が雇用量（内部者の数）を決定すると考えるのが自然である．ところで労使の利得総額は，売上から労働者の総不効用（名目留保賃金総額）を差し引いたものである．

したがってこの最大化問題は，第2章で議論した労働市場が完全競争的で，均衡が不完全雇用に位置する場合と同一である．このためこうした「相互規定的」な労働市場においても，労働者側の交渉力（労働組合）の存在は，雇用の妨げとは決してならない．しかし一方，交渉により賃金が決まるわけであるから，均衡名目賃金が名目留保賃金を上回るのは，明らかである．したがって組合ではなく偏に有効需要の不足ゆえに非自発的に失業する個人が存在しうるのである．

第4章「フィリップス曲線再考」も，第2章の理論の拡張である．現代では，フィリップス曲線は何らかの摩擦を前提とする短期的な失業率・

インフレ率間の負の相関関係と理解されている．しかしながら，Phillips (1958) は 100 年にわたるデータによる検証である．ここでは原典に沿って，長期的にも右下がりのフィリップス曲線が存在しうることを証明する．

そのために前三章では労働の生産性を一定として考えてきたが，「内生的成長理論」(endogenous growth theory) のテクニックを用いて，個々の企業の労働生産性は，経済全体の雇用量の増加関数であると考える．社会に職業訓練を積んだ個人が多いほど，技術の伝承はより容易となり，現在の働き手の生産性が上がると考えることには無理がない．生産性の上昇は名目賃金に上昇圧力を加えるが，同時に未来の世代の名目賃金にも同様のことが起きるので，コストプッシュ型のインフレーションが発生する．したがって

　　　　失業率の低下　⇒　労働生産性の上昇　⇒　インフレの加速

というフィリップス曲線が，何の摩擦も前提としない世界で，長期的に安定的な関係として観察されても不思議はないのである．

第 5 章「同時代人としてのケインズ」では遺された書簡のうちいくつかと，Robbins (1932)，Pigou (1933) などを参考に，同時代人としてのケインズの姿を素描する．道徳科学としての経済学を守るための価値相対化の流れとの戦い，現在とは比較にならない深い谷間に経済が落ち込んでいるにもかかわらず，それが一に労働者の怠惰と我儘の責に帰するとする新古典派部分均衡理論との戦い，そして同僚の的外れな批判，多くの経済理論史家が指摘するように，ケインズの一生は決して平坦なものではなかった．しかし，これらのことを現代の経済理論をそのものを専攻する者の立場から語った著作を，筆者は寡聞にして知らない．若く心優しい経済理論志望の研究者・大学院生を勇気づけることができれば，筆者にはこれに過ぎたる喜びはない．

第 6 章「ケインズの政治哲学」では，Skidelsky (2009) に依拠しなが

ら，愛読書であった Burke（1790）と Moore（1902）および遺されたエッセイのうち何本かを加味して，ケインズの政治哲学形成の背景を簡潔に探る．バーク，ムーアとも現代を生きるわれわれの生き方に鋭く迫る古典である．殊に知的視野が短期化・狭窄化し（これが「情報化社会」の本質である），またそれ故生きること自身の意義を見失いがちな現在，これらの古典の紹介は，ケインズ理論の研究を離れても，それ自身大いに意義があると思慮する次第である．

第 I 部

ケインズ理論の再構築を目指して

第 1 章　価格と貨幣の基礎理論

1.1　経済活動の中心は貨幣

　本書を読むに際して，多少なりとも経済学の知識がある読者の方には，まず考え方を入れ替えて戴きたいことがある．従来の財の消費に重きを置いたマクロ経済像から，貨幣を中核とし，いわば財の消費を従とした考え方への移行である．

　別に奇天烈なことを主張しているわけではない．われわれの日常は，明らかに，貨幣によって律されており，その一部を消費に充てているにすぎない．無論，本書ではアドホックな「効用関数に含まれる貨幣」（money in the utility function）の仮定は一切排除しているから，効用は財の消費から得られるそれに限定されている．

　しかしこのことと，貨幣が「固有の価値」（intrinsic value）を持つと考えることとが，何ら矛盾をきたすわけではない．この論理を難解と感ずる読者は，明らかに「貨幣数量説」（quantity theory of money）に首までどっぷり浸かってしまっているのである．そもそもわれわれが他人を気にせず，なぜ貨幣を保有するかといえば，それはやはり「固有の価値」があり，それが再び等価値で他の財と交換できるからである．

　仮に貨幣が単に計算単位に過ぎなかったとしたら，経済全体の貨幣供給量次第では，自らの購買力が損なわれる危険があり，つねにマネーストック統計を気にしていなくてはならない．しかしそのような人は，経済の専

門家を別にすればきわめて稀であろう．すなわち，われわれは効用関数を構成する要素でなくとも，「固有の価値」を持つ存在を認めることから始めねばならないのである．

いうまでもないことだが，貨幣が「固有の価値」を保持しうるためには，経済が無限に存続することが前提である．経済に「終り」があれば，それを見越して誰も貨幣を持とうとはしないからである．その意味で貨幣とは優れて動学的な存在であり，貨幣経済の描写には，必然的に時間及び無限の概念を持ち込まねばならない．静学的一般均衡分析が，貨幣を取り込むことにことごとく失敗してきたのは，まさにこの所以である．

しかし貨幣が「固有の価値」を持ちうるには，時間と無限のほかに，もう一つ重要な要素がある．このことを節を改めて検討しよう．

1.2 限界費用か貨幣数量か

まず問題の端緒が，Keynes（1936, Ch.2 II）が実質賃金の決定メカニズムを論じている個所で，すでに提起されていることを示そう．すなわちケインズによれば，

'For it is far from being consistent with *the general tenor of the classic theory, which has taught us to believe that prices are governed by marginal prime cost in terms of money and that money-wages largely govern marginal prime cost*. Thus if money-wages change, one would have expected the classical school to argue that prices would change in almost the same proportion, leaving the real wage and the level of unemployment practically the same before, any small gain or loss to labour being at the expense of profit of other elements of marginal cost which have been left unaltered. They seem, however, to have been diverted from this line of thought, partly by the settled conviction that labour is in a position to determine its own real wage and partly, perhaps, *by preoccupation with the idea that the prices depend on the quantity of money.*'（イタリックは筆者による）

「**価格は名目限界主費用によって定まり，その限界主費用を大きく規定するのは貨幣賃金であるという一般的な古典派の主張**とは，かけ離れてしまっている．もしこの考えに基づけば，限界費用を構成する他の固定生産要素への報酬の変化に伴う小さな得失を別にすると，貨幣賃金の変化はほぼ同率の価格の変化をもたらし，実質賃金・失業率はほとんど不変に保たれる，との結論に至るのが自然である．しかしながら，古典派はこの論理から外れてしまったようである．その理由の一つは，労働者自身が実質賃金を決定できるという固い信念であり，いま一つは，おそらく，**価格は貨幣数量に依存するという先入観念に囚われているからである．**」（筆者訳：太字は筆者による）

である．

　いわれてみればもっともであるが，ミクロ経済学では確かに，完全競争下では，価格は限界費用に等しく決まると教わる．しかしマクロ経済学になると途端に，何の前触れも背景もなく貨幣が現れ，価格はその影響を強く受ける（さらに強くは貨幣数量に比例する）とのご託宣が待っている．一体どちらが正しいのだろうか．これこそがまさに，ミクロ・マクロ経済学の越え難い裂け目なのである．この問題に正面から回答を与えたのは，筆者の知るところ，Lucas (1972) ただ一人である．この問いにより包括的に答えようというのが，本章の目的である．

　厳密な分析に入る前に，理論の骨子をスケッチしておこう．まず先のケインズの議論に忠実に，価格は限界費用に等しく定まるものとしてみよう．労働の生産性を 1 と仮定すれば，t 期の価格 p_t は，名目賃金 W_t と等しくなる．このとき，労働者が将来の生活も見越して名目賃金を要求するとしてみよう．この関係は，

と書ける[1]. したがって,

$$p_t = W(p_t, p_{t+1}) \tag{1.2}$$

という価格に関する差分方程式が現れる.

　注目すべきは,(1.2) には名目貨幣供給量の流列 $\{M_t\}_{t=0}^{\infty}$ が全く現れないことである.つまり名目貨幣供給量は均衡価格の流列に対して,何ら影響を与えないのである.言い換えれば,中央銀行当局は名目貨幣残高 M_t の変化を通じて,実質貨幣残高 $\dfrac{M_t}{p_t}$ をも制御できる.このことは,経済全体での貨幣の購買力を左右できることを意味する.

　したがって,**価格が限界費用と等しく決まることが許される限り**,貨幣は非中立的なのである.つまり先の Keynes (1936) の指摘に従うと,基本的な動学的ミクロモデルでは,貨幣が非中立的となることこそが,むしろ自然なのである.

　では前提条件である,「**価格が限界費用と等しく決まることが許される限り**」には,いかなる経済学的インプリケイションがあるのだろうか.この問いには容易に答えることができる.すなわち,企業の最適生産量が内点解 (interior solution) となることが,貨幣が非中立的になるための十分条件(必要条件でもあることが,後のフォーマルな分析で明らかにされるが)なのである.

　数学的には内点解として表現されるが,それを経済理論に引き直すと,資源の遊休すなわち失業が存在する場合に,貨幣が非中立的となることを意味している.このことを簡単に解説しておこう.

　すなわち,意味のある端点解 (boundary solution) は (1.2) から,均衡解の流列が

---

[1] 関数 $W(\cdot)$ は,後の分析で効用関数から導出される.

$$p_t > W(p_t, p_{t+1}) \tag{1.3}$$

という不等式を満たす場合である．価格（限界収入）が名目賃金（限界費用）を上回っている状態である．こうした状態では，資源に限りがなければ（労働人口が無限であれば）無限に生産をすることが最適となる．

しかし現実には労働人口に限りがあるために，その上限に張り付くと，すなわち完全雇用の状態となると，(1.3) は不等式のままに留まる．したがって (1.2) が成立するためには，経済が不完全雇用均衡に位置せねばならないのである．

ここにわれわれは，ケインズ経済学の一つの大きな特徴を見出すことができる．すなわち

貨幣の不足（貨幣の非中立性）　⇒　失業の発生（資源の遊休）

失業の発生（資源の遊休）　⇒　貨幣の不足（貨幣の非中立性）

という貨幣の不足と資源の遊休の間の循環論法である．すなわち経済の実物的側面（real economy）と貨幣的側面（monetary economy）は，二分できるものではなく，一つの経済現象の表裏の関係にあるのである．ここで留意すべきは，これらの性質は何ら価格調整に関する摩擦・制約とは無関係に導かれていることである．このように Keynes（1936）の核心（筆者は第 1 章から第 3 章と第 12 章にあると考えるが）を素直に受け入れれば，標準的なミクロ動学理論とケインズ経済学の間には何ら齟齬がないのである．

1.3 価格の硬直性＝貨幣の信頼性

では差分方程式 (1.2) には，どのような経済理論的背景があるのだろうか．まずこの差分方程式は，ある合理的期待 p_{t+1} が与えられたもとで，今期の均衡価格 p_t が決定されるという因果関係を意味している．これら

がそれぞれ有界（bounded）であり，

$$0 < p_t, \quad p_{t+1} < +\infty$$

が成り立っていることは，それ自身何の効用ももたらさない貨幣に，「固有の価値」(intrinsic value) が存在することを意味している．なぜならば，価格の逆数 $\frac{1}{p_t}$ が，財で測った貨幣の価値だからである．

さらに，貨幣の「信頼性」(**credibility**) を，次のように形式的に定義しよう．すなわち，

定義 1 貨幣に「信頼性」(credibility) があるということは，現在の貨幣供給量 M_t が変化しても，将来の貨幣価値に関する合理的期待 $\frac{1}{p_{t+1}}$ に影響が及ばないことである．つまり，

$$\frac{dp_{t+1}}{dM_t} = 0 \tag{1.4}$$

のことである．■

平たくいえば，貨幣の「信頼性」とは貨幣保有者にとって重要な将来の「固有の価値」が，現在の貨幣数量の変化によって揺らがない合理的期待を指すのである．実際，日常から考えても，中央銀行のオペ実施によって，われわれの将来の貨幣価値の予想が揺らぐことはまずないといってよい．

また不完全雇用下では，たとえ貨幣数量の増加によりその購買力が上昇しても，それに対応する生産能力が存在するために，予想が覆ることはない．さらに物価水準の流列が (1.2) を満たしていることから，企業の利潤最大化行動とも整合的である．これらの意味で，貨幣の「信頼性」はきわめて自然な仮定である．

さて貨幣の「信頼性」が満たされているもとで，(1.2) に戻ろう．すると現在の貨幣供給量 M_t の変化に，将来価格の合理的期待 p_{t+1} は感応し

ないから，現在の価格 p_t も硬直的となり不変に保たれる．つまり貨幣に「信頼性」がある限り，1万円札の新券が余計に出回るようになろうと，それで物価が上がるということはないのである．これも日常の経験と反しない．

つまり財価格の硬直性を，貨幣との関連で捉えることなく，財自身の性質で解明しようとするから，不自然な価格改定費用（menu cost）や改定機会に関する制約（Calvo Rule, sticky information）の導入が不可避なのである[2]．財と貨幣を少なくとも対等に考えれば，財価格の硬直性は貨幣への「信頼」の篤さの「鏡像」（mirror image）にすぎないと，容易に理解できるのである．これは本書の発する最も大きなメッセージの一つである．

1.4 インフレは貨幣的現象か

まず解答を与えておこう．不完全雇用下においては，答えは否である．実際，21世紀に入ってからのディスインフレーションは，超緩和的な金

---

[2] これらのいわゆる「新しいケインズ派」（new Keyensian）については，Calvo (1983), Mankiw and Reis (2002), Woodford (2003), Galí (2008) などを参照されたい．なお Keynes (1936, Ch. 21 V) の末尾には，経済学における安易な数学使用に対する厳しい批判がある．

'Too large a proportion of recent 'mathematical' economics are merely concoctions, as imprecise as the initial assumptions they rest on, which allow the author to lose sight of the complexities and interdependencies of the real world in a maze of pretentious and unhelpful symbols.'

「最近の所謂「数理」経済学の大半は，最初におかれる諸仮定と同様に不分明であり単なるでっち上げにしかすぎない．その中で著者たちはかえって思考の妨げとなるもったいぶった記号の迷路の中を彷徨い，結果として，実体経済の複雑さおよび相互依存関係を見失っているのである．」（筆者訳）

自らの学位論文で大著 Keynes (1921) *Treaties on Probability* を著し，さらに Ramsey (1928) を高く評価し，数学基礎論へ進み夭折した彼を，経済学を専攻すべきであったと悼んだのは，まさにケインズその人である（詳しくは Keynes (1933) のラムゼイに関する小伝を参照されたい）．それを踏まえたとき，上記の批判がどれほどの重みを持っているか，是非感得していただきたい

融政策のもとで起きていることを謙虚に認めねばならない．この命題に強い違和感を感ずる読者は，これまた貨幣数量説の虜なのである．

仮に貨幣に「信頼性」がなく，単なる計算単位としてのみ「固有の価値」を持つものとしてみよう．この時名目貨幣供給量の比例的増加は，形を変えた単なるデノミネイションにしかすぎない．したがって，インフレ率は貨幣供給量の増加率に厳密に比例する．しかしこのような考え方の持ち主には，上記の顕著なディスインフレーションが不思議であり，理論的に全く説明できないはずである．

そこで再び，1.2 節で掲げた Keynes（1936, Ch. 2 II）の指摘に戻ろう．つまりミクロ動学理論に忠実に問題を捉えなおそうというわけである．まず彼の論敵アーヴィング・フィッシャー（Irving Fisher）の消費関数についての議論（まことに皮肉なめぐりあわせだが）を想起しよう．

すなわちフィッシャーによれば，消費・貯蓄の意思決定は，現在財・将来財の異時点間代替（intertemporal substitution）の問題として解釈される．いま，証券の存在を無視して名目利子率を 0 としよう（現在の世界的低金利のもとでは良い近似だが）．するとインフレ率は，将来財 1 単位の現在財に対する交換比率となる．つまりディスインフレーションが生起すると，現在財は将来財に比べ高価となるのである．

こうした状況では，効用関数についてごく標準的な設定をすると[3]，消費は抑制され，貯蓄が増加することになる．

この様子を描いたものが図 1-1 であるが，曲線 PP が異時点間での転形曲線（transformation curve）を表しており，II が個人の無差別曲線（indifference curve）であり，その共通接線 ll の傾きが均衡インフレ率である[4]．

---

[3] 消費の異時点間代替弾力性（the elasticity of intertemporal substitution）が 1 より大であることを意味している．
[4] この図は資源（労働）の効率使用が前提とされている新古典派マクロ経済学の図であるが，われわれのケインズ体系でも，インフレ率に関する考え方は同じである．

第1章 価格と貨幣の基礎理論

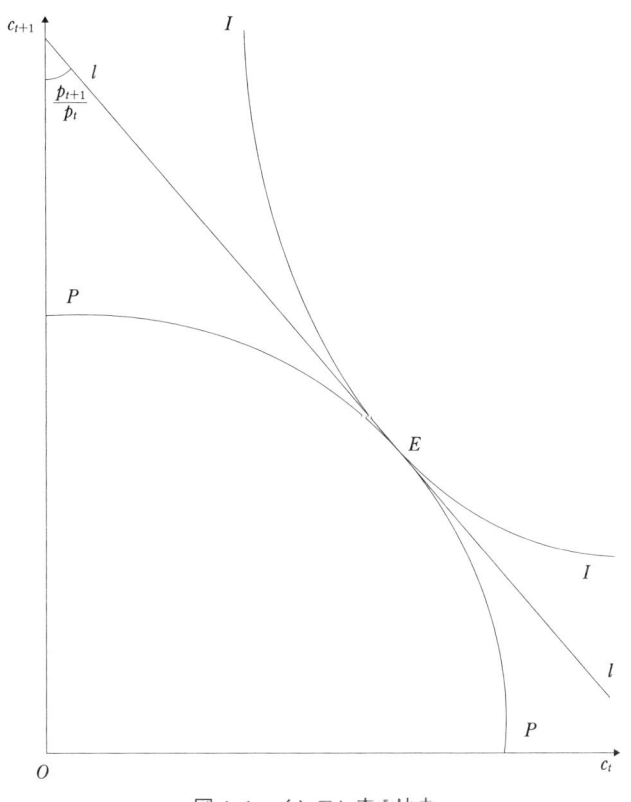

図1-1 インフレ率の決定

　均衡はもちろん点 E であるが，この点の位置および共通接線の傾きを決定するのは，転形曲線・無差別曲線の形状である．より絞り込んで議論するなら，貨幣供給量の増加率ではなく，効用関数の時間選好率や労働の限界生産力など経済のもっとも基礎的部分を構成する「深いパラメータ」(deep parameters) こそが，資源の遊休が存在する貨幣経済においても，インフレ率を決定する要因なのである．

　このことを念のため，数式で表現しておこう．そこで再び，本稿の基本方程式である (1.2) へ戻ってほしい．これを少し一般化して，労働の限界(平均)生産力を β としよう．すると (1.2) は，

$$p_t = \frac{W(p_t, p_{t+1})}{\beta}$$

となる．さらに消費と余暇の効用が加法分離的で，かつ消費に関する効用が相似拡大的 (homothetic) であれば，関数 W は一次同次関数となる[5]．すると上式の両辺を p_t で除することにより，

$$\beta = W\left(1, \frac{p_{t+1}}{p_t}\right) \equiv w\left(\frac{p_{t+1}}{p_t}\right) \tag{1.5}$$

となる．関数 w の形状が効用関数のそれに依存することはいうまでもない．したがって (1.5) から明らかなように，インフレ率 $\frac{p_{t+1}}{p_t}$ をつかさどるのは，確かに生産関数・効用関数のパラメータであることがわかる．すなわち，基本方程式 (1.2) が成立し，経済に資源の遊休が存在するときには，インフレは実物的現象 (real phenomenon) なのである．

後に示されるが，インフレが貨幣的現象 (monetary phenomenon) となるのは，皮肉にもマネタリストの Cagan (1956) が言い当てたように，貨幣の「信頼性」(credibility) が失われる両極，すなわち，ハイパーインフレーションの場合と完全雇用におけるインフレーション (Keynes (1936, Ch. 21) のいう「真正インフレーション」(true inflation)) の場合に限られるのである[6]．

---

[5] 厳密な導出は，章末付録参照のこと．
[6] Keynes (1936, Ch. 21 V) によれば，true inflation とは
'When a further increase in the quantity of effective demand produces no further increase in output and entirely spends itself on an increase in the cost-unit full proportionate to the increase in effective demand, we have reached a condition which might be appropriately designated as one of true inflation.'
「有効需要のさらなる増加が産出量に何の増加ももたらさず，名目費用を正比例で上昇させることに完全に費やされるとき，われわれは，一種の真正インフレーションと呼ぶに相応しい状態に達したことになる．」（筆者訳）
と定義される．

1.5 Keynes-Walras 型モデル

1.5.1 モデルの構造と仮定

まずモデルの構築にあたって，その構造と諸仮定を明らかにしておこう．モデルは貨幣を唯一の価値保蔵手段とする，一財生産経済の二期間世代重複モデルである．家計は二期間の生涯を送り，若年時のみに自らの裁量で労働を一単位供給できるものとする．そして稼得した賃金を，現在の消費と残りの財を現在の老人に売り，貨幣の形で自らの老年期の消費に備えるものとする．モデルの構造は以上であるが，注意を喚起したいのは，これは筆者のオリジナルではなく，ほぼ Lucas（1972）に負っていることである．

さて次に仮定を列挙しよう．

1. 家計の効用関数 U は，消費と余暇に関して加法分離的（additive separable）であり，消費に関する効用関数 u は，相似拡大的（homothetic）であるものとする．すなわち，

$$U(c_t^1, c_{t+1}^2, \delta_t) = u(c_t^1, c_{t+1}^2) - \delta_t \cdot \alpha. \tag{1.6}$$

ここで c_t^i は，t 期に人生の第 i ステージを迎えた家計の消費量である．α は労働の不効用であり，δ_t は定義関数であって，働いたときには 1，失業時には 0 の値をとる[7]．

2. 生産要素は労働のみであって，労働の限界（平均）生産性を簡単化

---

[7] このような効用関数についての仮定は，数学上は限定的に思われるかもしれない．しかし指数理論（index theory）の立場からするとき，つまりマクロ経済指標にミクロ的基礎があることを前提とすると，経済学的にはそれほど無理がない．ここでの仮定の意味は，現在財・将来財は似た性質を持ち滑らかな代替関係を持つが，消費と余暇は全く性質の違った経済行動であるということである．こうした集計化（aggregation）をめぐる問題は，章末付録および Diewart（2009）を参照のこと．

のために1とする．したがって個別企業の生産関数は，生産量を y_t，雇用量を l_t としたとき，

$$y_t = l_t \tag{1.7}$$

である．なお本章では簡単化のため，すべての企業は価格受容者（price taker）として行動するものとする．すなわち均衡概念は，財市場・労働市場・貨幣市場すべてワルラス均衡である．

3. 政府は貨幣の新規発行 $M_t - M_{t-1}$ により，財政支出 G_t をファイナンスするものとする（負値の場合は老人への課税を意味する）．かつ政府が購入する財は浪費され，家計の効用には影響を与えないとする．さらに均衡の発散を防ぐために，政府は今期（t 期）以降は，実質貨幣残高 $m \equiv \dfrac{M_t}{p_t}$ が一定となるよう，財政支出・貨幣供給量増加率を調整するものとする．これらのもとで，政府の予算制約式は，

$$m - \frac{m_{t-1}}{\rho} = g_t, \quad \left(1 - \frac{1}{\rho}\right) m = g \quad \text{for } t > 1 \tag{1.8}$$

となる．ここで ρ はインフレ率，$g \equiv \dfrac{G}{p}$ は各期の実質政府支出である．

1.5.2 家計・企業の最適化問題

前節の議論を踏まえて，家計と企業の最適化行動を描写し，市場均衡の分析に備えよう．まず家計から考えよう．すると章末付録から明らかなように，(1.6) の仮定のもとでは，次のような「真の生計費用」（true cost of living）Ψ が存在する．すなわち，

$$\Psi(p_t, p_{t+1} : \bar{u}) = \psi(p_t, p_{t+1}) f(\bar{u}) \tag{1.9}$$

である．ここで $\bar{u}$ は達成目標となる効用水準であり，$\psi(\cdot)$ は一次同次関数である．したがって (1.6) のもとでは，(1.9) から容易に名目留保賃金 W_t^R が以下のように求められる．すなわち，

$$W_t^R = \psi(p_t, p_{t+1})f(\alpha) \tag{1.10}$$

である.不完全雇用のワルラス均衡では,これが均衡名目賃金となることが,労働市場の均衡条件である.

さらに消費に関する効用関数が相似拡大的であることから,異時点間の最適化問題を解くことによって,

$$C(\rho, W_t^R l_t) = c(\rho)W_t^R l_t \tag{1.11}$$

という若年時の消費関数が得られる[8].

次に企業の最適化行動に移ろう.企業の名目利潤 Π_t は,

$$\Pi_t \equiv [p_t - W_t^R]l_t$$

であるから,Kuhn-Tucker 条件より最大化の必要十分条件は,

$$p_t - W_t^R \geq 0, \quad [p_t - W_t^R][l^f - l_t] = 0 \tag{1.12}$$

となる.ここで l^f は完全雇用に対応する雇用水準である.(1.12) から明らかなように,不完全雇用均衡では,左側の不等式が等式で成り立たねばならず,このとき同時に (1.10) を考慮に入れると,先ほどの (1.2) に対応する基本方程式

$$p_t = \psi(p_t, p_{t+1})f(\alpha) \tag{1.13}$$

が現れる.

ここで ψ が一次同次関数であることを考慮に入れ,両辺を p_t で除すと,

$$1 = \psi(1, \rho^K)f(\alpha) \tag{1.14}$$

---

[8] 消費関数の中から利潤の影響が取り除かれているが,直ちに述べるように,ワルラス均衡において内点を仮定すると,線形の生産関数のもとで利潤は 0 となるからである.

と変形される．すなわち厳密に計算しても，(1.14) が示すように均衡インフレ率 ρ^K は，不完全雇用を前提とする限り，実物的要因によって決定されるのである．

1.5.3 市場均衡：45°線分析のミクロ動学的基礎

この経済には財・労働・貨幣の三市場が存在するが，このうち一つはワルラス法則から分析の対象より外して差し支えない．また労働市場については，先ほど家計の最適化行動で論じたように，不完全雇用均衡を前提とする限り，名目留保賃金が均衡賃金となることで，均衡は達成される．したがってここでは，財市場の均衡だけを分析すればよい．

さてまず実質 GDP を定めることから始めよう．すると企業の利潤は均衡において 0 であり，生産された付加価値 y_t^s は，すべて労働所得 $W_t^R l_t$ へ分配される．したがって (1.8) と (1.11) を考慮に入れて，有効需要（支出 GDP）y_t^d を定義すれば，

$$y_t^d \equiv c(\rho^K) y_t^s + g_t + \frac{m_{t-1}}{\rho^K} = c(\rho^K) y_t^s + m \quad (1.15)$$

である．なお (1.15) の右辺第三項は，老人の実質消費支出を表している．ρ^K はすでに (1.14) で与えられているから，結局，財市場の需給均衡条件 $y_t^s = y_t^d$ は，図 1-2 の 45°線と総需要直線 (1.15) の交点 E に定まることになる．確かに Hicks-Samuelson の 45°線分析は，このように標準的なミクロ動学理論から導くことができるのである．いうまでもなく，この際の財政乗数は初等理論の教える如く

$$\frac{1}{1 - c(\rho^K)}$$

となる．

以下この結論に関して，簡単な注意事項を述べる．まず財政・金融政策の態度を示す外生変数，すなわち実質貨幣残高 m が時間 t に依存しないことから，E もまた時間とは無関係な定常均衡（stationary equilibrium）

図 1-2　45°線分析

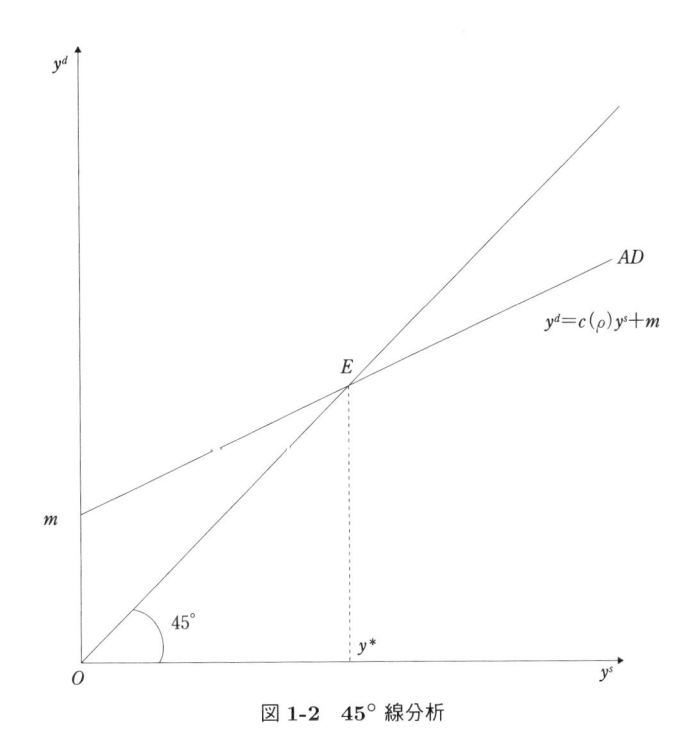

であることである.すなわち俗な理解では（ほとんどすべての教科書ではそう記述されているが），ケインズ経済学は価格調整が完了するまでの短期の経済分析とされている.

しかし Keynes (1936, Ch. 1) によれば,

'I shall argue that the postulates of the classical theory are applicable to a special case only and not to the general case, the situation which it assumes being a limiting point of the possible positions of equilibrium. Moreover, the characteristics of the special case assumed by the classical theory happen not to be those of the economic society in which we actually live, with the result that its teaching is misleading

and disastrous if we attempt to apply it to the facts of experience.'
「余は古典派経済学は，数多ありうる均衡のうちの極限的で特殊なものだけを取り扱っており，それ以外の一般的な場合には適用出来ないことを明らかにする所存である．それ以上に，古典派の特殊な世界は，われわれが現実にすんでいる経済社会からかけ離れており，経験的事実に応用しようとすれば，その教えは世を誤った道へと導き災厄を招くであろう．」（筆者訳）

である．
　すなわち経済が不完全雇用状態にあることが，むしろ市場経済の常態（定常状態）であり，それを分析できない（新）古典派経済学は，きわめて特殊な理論であると，冒頭に宣言しているのである．現在の「新しいケインズ派」（「派」を自ら名乗ること自身何をかいわんやだが）も，新古典派的均衡の定常状態の近傍での議論であり，泉下のケインズにすれば（新）古典派の亜流としか映らぬだろうと，推測するのは独り筆者だけであろうか．
　第2に，今期の物価水準 p_t の決定メカニズムについて論じておこう．ここでは，貨幣に「信頼性」(credibility) があることを前提としている．すなわち，(1.4) が成立していることを前提とする．したがって将来の物価水準の合理的予想 p_{t+1} は，歴史的に与えられた水準に固定され，m の変化によって揺らぐことはない．このため，拡張的な財政・金融政策，すなわち m の増加は，今期の均衡価格 p_t を変化させない（(1.13) を見よ）．
　m の上昇は，図1-2の AD を上方にシフトさせるから，乗数効果を通じて均衡実質 GDP y^* を増加させる．つまり先ほどスケッチしたように，貨幣に「信頼性」があると現在の財の価格は有効需要の変化に対して不感応となる．これが「固定価格」モデルの動学的ミクロ的基礎なのである．

1.5.4　構築された理論の確認

この節以降は，ケインジアンとマネタリストの理論がいかなる関係にあるかを，貨幣の役割を中心に論ずることになる．その前にここまでのKeynes-Walras的なミクロ動学モデルから，得られた結論を定理の形で整理しておこう．

定理1　不完全雇用均衡ならば，内点解をみたす任意の金融政策のパスについて除外されるパスがただ一つという意味で，確率1で，貨幣は非中立的である．言い換えれば，貨幣が中立的となるのは完全雇用均衡に限られる．したがって，貨幣数量説を前提に失業を論ずることは不可能である．■[9]

定理2　貨幣に「信頼性」(credibility) があるとき，有効需要の変動に対し価格は硬直的となり，生産量のみによって需給が調整される．そのときの財政乗数は，限界貯蓄性向の逆数である．■

定理3　不完全雇用下においては，インフレーションは貨幣供給増加率と無関係という意味で，実物的現象 (real phenomenon) である．したがってKeyenes-Walras的動学モデルでは，インフレターゲッティング論は全く論拠を持たない．■

1.6　貨幣数量説との理論的関連

定理1から構築されたKeynes-Walras型モデルにおいて，貨幣数量説が成立するためには，経済が完全雇用水準に位置しなければならない．したがってマネタリストが，雇用・産出量の調整が金融政策の目的となりえ

---

[9]　定理1で除外される金融政策は (1.8) に従う政策である．この場合「信頼性」(credbility) に代えて貨幣数量説的期待 (extraneous belief)) を前提とすると，貨幣は中立的となる．この点は松井宗也氏（南山大学准教授）から示唆を戴いた．

ない，と唱えるのはゆえないことではない．つまり彼らの理論（あるいは広く新古典派マクロ経済理論）では，そもそも「**前提として**」，不完全雇用均衡を理論的に描写できないのである．

実際，貨幣数量説に関する画期的な実証分析である Cagan（1953）では，次のように語られている．すなわち，

'Even a substantial fall in real income, which generally has not occurred in hyperinflations, would be small compared with the typical rise in prices. Relation between monetary factors can be studied, therefore, in what almost amounts to isolation from the real sector of the economy.'

「(各国ともハイパーインフレ期には起こらなかったのだが)，たとえ実質所得に無視できない低下があったとしても，目を見張る諸価格の上昇から比べれば，それは小さいものであろう．したがって，貨幣的要因相互の関連に関する研究は，経済の実物面からそれがほとんど隔離された場合に，可能になる．」(筆者訳)

である．

われわれはこの文章を理解するにあたって，ハイパーインフレーションはほとんど例外なく，戦争の後に起きていることに留意すべきである．したがってハイパーインフレーション期は，戦争により生産設備が破壊され（ケーガン（P. Cagan）の分析は両大戦後のヨーロッパ6カ国の時系列分析である），生産設備が灰燼と帰した状態，つまり実物経済に生産余力がないという意味では完全雇用と同じ状態に置かれているということである（完全雇用が経済の「実力」の上限とすれば，戦後のハイパーインフレはその下限である）．

これに重ねて，戦費調達のために濫発された国債が，中央銀行引受けにより膨大な額の貨幣へと転換され続けられていることにも注意しなくては

ならない.したがって先に述べた貨幣の「信頼性」(credibility) は,完全に失われている状態にあるといってよかろう.貨幣を受け取っても,それが将来,決まった単位の財と交換される保証がないわけであるから,貨幣は財の間の相対的な価値を決める手段でしかありえない.したがって流通する貨幣数量が増加すれば,ほとんどの財の価格はそれに比例して増加するであろう.すなわち,貨幣数量説が成立するのである.

マネタリズムの古典 Friedman and Schwartz (1963, Ch. 13) の 4.Deceptiveness of Appearance (「(貨幣の) 見かけによる詐欺」筆者訳) という節では,貨幣が流通するのが「信頼性」(credibility) ではなく,**「他人の(貨幣を受け取る)意志に対する確信」(confidence of others will)** であるとの主張がなされている.このような貨幣に対する不信感は,次の文章にはっきりと現れている.すなわち,

'Why should they also be accepted by private persons in private transactions for goods and services?

The short answer—yet the right answer—is that *each accepts them because he is confident others will*. The pieces of green paper have value because everybody thinks they have value because in his experience they have had value. Our economy could not operate at more than a small fraction of its present level of productivity without a common and widely accepted medium of exchange; *yet common and widely accepted medium of exchange is, at bottom, a social convention which owes its very existence to the mutual acceptance of what from one point of view is a fiction.*' (イタリックは筆者による)

「貨幣は,なぜ一体全体,法的拘束力のない民間の財・サーヴィスに関する取引にまで用いられるのだろうか.

約めていえば (それこそが正解だが),経済の成員が (貨幣を受け取ってくれるという) **他人の意志に確信を抱いているからである**.紙幣が価

値を持つのは,みなが過去にそれが価値があったという経験から価値を持つと考えるからである.一般に広く受け入れられた交換手段なしには,現在の生産規模を維持することは夢適わぬであろう.しかしながらこうした**交換手段は,突き詰めれば,ある見地からはフィクションであるという相互理解の上にこそ成り立っている社会的慣習である.**」(太字は筆者による)

しかしこうした貨幣への不信を前提に,他人の意志に対する確信を持つのは容易ではない.あらゆる人間が他のあらゆる人間の「確信に対する確信」を持たねばならないからである.ちなみにこの場合の数を勘定してみよう.

すると一人がある他が貨幣を受け取る意志があるかどうかを確認した結果については,yes, no の二つの場合がある.ここで経済の成員を $n+1$ 人とすると,他人の意志に確信を持つか否かには,成員一人当たり 2^n 個だけの場合の数がある.さらに「他人の確信の状態を知っていることを前提,当該人物に確信を持つ」か否かについても,同様に一人当たり n だけの場合の数がある.

したがって成員すべてが「相手が確信を持つことを確信できる」のは,なんと $\{(2^n)^n\}^{n+1}$ の場合の数のうちただ一つである.これだけの情報を,Friedman and Schwartz (1963) の説くように,過去の経験だけから蓄積するのは事実上不可能である.つまり「確信を確信できる」ための探索費用まで考慮したとき,このようなほとんど奇跡としかいえないメカニズムを基礎に,貨幣が流通しているとはきわめて考えにくい.

実際,ハイパーインフレーション期には,貨幣の「信頼性」は完全に崩壊しているから,貨幣は計算単位としての機能しか果たしていない.たとえば,第一次大戦後のドイツワイマル共和国におけるハイパーインフレーションを見ればわかるように,そうした状態においては「他人の意志に対する確信を確信する」ために,人々は非効率を承知で膨大な紙幣を抱え,

路頭を彷徨い歩くのである．さらに「他人の意志に対する確信を確信できても」，取引相手が対価としてどれほどの貨幣を要求するかは，全く別問題でありきわめて不確実性が高い．

つまり「他人の意志に対する確信の確信」では，必要とされる情報の膨大さゆえに，貨幣経済（monetary economy）は到底安定した営みを送れないのである．これに対して貨幣の「信頼性」は，他がどうあろうと自らが将来の貨幣価値の安定（貨幣の固有価値）を認めることができればよいだけであるから，必要とされる情報はきわめて限られたもので済むことになる．言い換えれば，「信ずるままに行う」ということと「他人の動向次第で行動を変える」ということでは，必要とされる情報量が極端に異なるのである．

以上をまとめれば，貨幣数量説が成立するのは完全雇用や目も当てられぬ戦災を受けた経済のように，実体経済の供給能力がその上限あるいは下限に位置するときに限られる．そうした際には，名目貨幣供給量が増加しても，財の総供給は増加できないから，貨幣には計算単位としての固有価値しか存在しなくなる．すなわち，貨幣の「信頼性」は完全に失われた状態となるのである．以下では項を改めて，数理モデルによって，ここでの主張をより明確なものとしよう．

1.6.1 マネタリストモデル

先ほどの定理 1 から，完全雇用の場合にのみ貨幣数量説は成り立ちうることが分かっている．したがってまず完全雇用均衡を前提として，Keynes-Walras 的な動学的ミクロ理論を，いかにすれば貨幣数量説を支持するように変換できるかを検討する．その後に完全雇用均衡を成立させるための必要十分条件を提示する．

さて完全雇用均衡のもとでは，財市場の均衡条件 (1.15) は，

$$l^f = c(\rho^M)l^f + m \quad \Leftrightarrow \quad p_t = \frac{M_t}{[1-c(\rho^M)]l^f} \tag{1.16}$$

が成り立たねばならない．この時均衡インフレ率 ρ^M が名目貨幣供給量 M_t と無関係であれば，貨幣数量説が成立することになる．では ρ^M はいかにして決定されるのか．

ここで一歩立ち止まろう．仮に何らかのメカニズムによって ρ^M が，今期の名目貨幣供給量 M_t から独立であり，貨幣数量説が成立しているとしよう．とすれば合理的期待の前提のもとでは，来期の価格 p_{t+1} を予想するにも，貨幣数量説に基づく均衡価格関数，(1.16) を用いざるをえない．すると結局，

$$\rho^M = \frac{M_{t+1}}{M_t} \equiv \mu \tag{1.17}$$

という解を得ることになる．すなわち均衡インフレ率 ρ^M は貨幣供給量の増加率 μ にのみ左右されるという意味で，マネタリズムにおいてはインフレは貨幣的現象 (monetary phenomenon) なのである．

したがって，以下に述べるように条件付きでしか貨幣の超中立性は成り立たないが中立性は保存され，均衡インフレ率 ρ^M は今期の名目貨幣供給量 M_t ではなく，貨幣供給量の増加率 μ によって決定されることになる．すなわち，**貨幣数量説が成立するためには，そもそも人々が貨幣数量説的な信仰 (extraneous belief) を抱くことが必要条件なのである．**

最後に経済を完全雇用状態にならしめる必要・十分条件を述べておこう．条件は容易である．すなわち均衡賃金が留保賃金を上回り，すべての個人がすすんで働くインセンティブがあれば良いだけである．というのは，(1.16) のもとでは，今期の価格 p_t が伸縮的に変化することで，完全雇用水準に対応するだけの有効需要が必ず喚起されるからである．すなわちマネタリズムでは，「供給が需要を生み出す」というセー法則が貫徹しているのである．条件を数式で表せば，(1.10), (1.12), (1.17) から，

$$1 > \psi(1, \mu) f(\alpha) \tag{1.18}$$

である．

ここで (1.18) の右辺は，μ の増加関数であり，等式で成立するのが (1.14) より，先の Keynes-Walras 型モデルでの均衡インフレ率 ρ^K であることを考え合わせると，μ には上限があり，

$$\mu < \rho^K \tag{1.19}$$

が，完全雇用が達成されるための必要かつ十分な条件であることがわかる．

さて，これまでの議論を定理の形でまとめておこう．すなわち，

定理 4 個人が貨幣数量説的期待，

$$p_t = \kappa^{-1} M_t \tag{1.20}$$

を抱くとしよう．このとき，不等式 (1.19) を満たすように貨幣供給量の増加率 μ が決定されれば，(1.20) が合理的期待となるようなある κ が存在する．無論，この際の均衡は完全雇用状態にある．■

この定理から直ちに明らかなように，貨幣が非中立的であれば経済は不完全雇用均衡に位置せざるをえない．したがって先の Keynes-Walras 型のミクロ経済動学モデルの定理 1 と合わせて，予告したように，貨幣が非中立的であることと経済が不完全雇用均衡にあることが確率 1 で同値であることがわかる．

最後に貨幣供給量の増加率 μ が十分大きく，

$$\rho^M = \mu > \rho^K$$

の場合を考えておこう．するとこの場合は

$$1 < \psi(1, \mu) f(\alpha)$$

が成立することになり，実質賃金の上限 1 を実質留保賃金が上回ること

になり，誰も働かなくなる．無論均衡価格は無限大に発散する（貨幣の「固有価値」が 0 となる），そこで労働の不効用 α に異質性を認め，均衡の発散を防ぐことにすると

$$1 = \psi(1,\mu)f(\overline{\alpha_\mu}), \quad \alpha \leq \overline{\alpha_\mu}$$

なる不効用を持つ一部の人しか働かなくなる．無論この場合にも貨幣数量説は成り立っているが，急速な貨幣的成長のもとでインフレが亢進すると，それは生涯賃金の低下を通じて多くの人々の働くインセンティブを削ぎ，大量失業を生み出すのである．これがある種のハイパーインフレーションの病理であることはいうまでもない．

1.6.2 貨幣の供給ルールについて：ルーカス理論解剖

これまでは，(1.8) にあるように，貨幣は財政赤字を通じて経済に供給されると想定してきた．しかしながら，これは本章の問題意識の原点である Lucas (1972) の貨幣供給ルールとは異なる．そこで貨幣供給ルールを変更したときに，これまでの結論にいかなる影響が及ぶかを分析しよう．この問題はルーカス（R. E. Lucas）と全く異なった結論を持つ先の Keynes-Walras 型のミクロ動学理論との関連を突き詰めるうえできわめて重要な課題である．

さて Lucas (1972) の追加的貨幣の供給ルールは，以下のように貨幣に x_t だけの利子がつく形でなされる．すなわち，

$$M_{t+1} = x_t \cdot M_t \tag{1.21}$$

である．理解を容易にするために個人の予算制約式を記しておくと，

$$p_t c_{1t} + M_t \leq W_t,$$
$$p_{t+1} c_{2t+1} \leq x_t M_t \quad \Leftrightarrow \quad c_{1t} + \frac{p_{t+1}}{x_t p_t} c_{2t+1} \leq w_t \left(\equiv \frac{W_t}{p_t} \right)$$

である．

このとき貨幣数量説的期待 (1.20) を前提として，上式を書き直すと，

$$c_{1t} + c_{2t+1} \leq w_t \tag{1.22}$$

となる．すなわちルーカス的貨幣供給ルール (1.21) は (1.20) のもとでは，個人の直面する実質インフレ率を 1 と仮定するに等しいのである．

したがって名目留保賃金の決定式 (1.10) から，(M_t, x_t) とは無関係に，均衡総供給量 y_t^s は，

$$y_t^s(\rho^K) = \begin{cases} y_t^s, & \text{if } \rho^K = 1 \\ l^f, & \text{if } \rho^K > 1 \end{cases} \tag{1.23}$$

となる．ここで $y_t^s = y_t^s$ は，Keynes-Walras 均衡でのインフレ率 ρ^K が 1 と等しければ，個人にとっては余暇も消費も無差別となるために，個人が働こうと思えばそのとおり雇用・生産が増加し，逆に余暇を選好すれば雇用・生産が減少することを表している．つまり $\rho^K = 1$ において，このモデルは複数均衡となるのである．

さらに財市場の均衡条件から，老年期の限界消費性向を $c_2^*(1)$ とすると[10]，

$$c_2^*(1) y_t^s(\rho^K) - \frac{M_t}{p_t} \tag{1.24}$$

となり，(1.20) の均衡価格関数の未定係数 κ は，(1.24) より，

$$\kappa = c_2^*(1) y_t^s(\rho^K)$$

として定まり，これも確かに (M_t, x_t) に依存しない．したがって (1.21) の貨幣供給ルールのもとでは，完全雇用を前提とせずとも，確かに貨幣数量説が成り立つ．このように貨幣がどのような形で供給されるかによって，貨幣の中立性に関する結論が変化すること自体は，すでに Otani

---

[10] 消費に関する効用関数が相似拡大的であることを思い出していただきたい．

(1986) で証明されている．ここでの問題は，むしろ (1.8) と (1.21) のどちらが現実的かということである．国債までニアマネーとして考えるなら，あるいは国債が即座に買いオペの対象となると想定すれば，(1.8) は十分現実的である．

これに対して貨幣保有額に比例して利子が付きかつ誰もがそのルールを知っているとする (1.21) は，現実的にはどんな政策が対応するのだろうか．最もわかりやすいのはデノミネーションである．つまり現在の 1 円を明日から 10 円と呼称を変えることを誰もが知っていれば，貨幣に 900 パーセントの利子が付いたことになる．つまり Lucas (1972) の金融政策は頻繁なデノミネーションと解釈できるのである．そう考えれば，ルーカス理論は，情報が完全であれば，デノミネーションによって実物経済は影響を被らないと主張しているだけであって，先の定理 3 で述べた旧来のマネタリストの立場を強化したとは言い難いであろう．

章末付録　指数理論の基礎

この付録では，本章の内容にかかわる範囲で，指数理論の基礎を解説する．指数理論はそれ自身で美しい体系を持っており，マクロ理論を専攻するものにはより進んだ学習が望まれる．詳しい解説書としては，たとえば，Shepherd (1981)，美添 (2001)，Diewart (2009) を参照されたい．

さて本章でいうところの (Diewart (2009) にならったものであるが)，「真の生計費用」(the true cost of living) とは，支出関数 (expenditure function) のことである．すなわち支出関数 e は

$$e(p,u) \equiv \min_{x} p \cdot x, \quad \text{s.t.} \quad u(x) \geq u \tag{1.25}$$

で定義される．つまりある一定の生活水準 u を維持するために，最低限必要な費用という意味で，支出関数を「真の生計費用」と呼んでいるわけである．

第1章 価格と貨幣の基礎理論

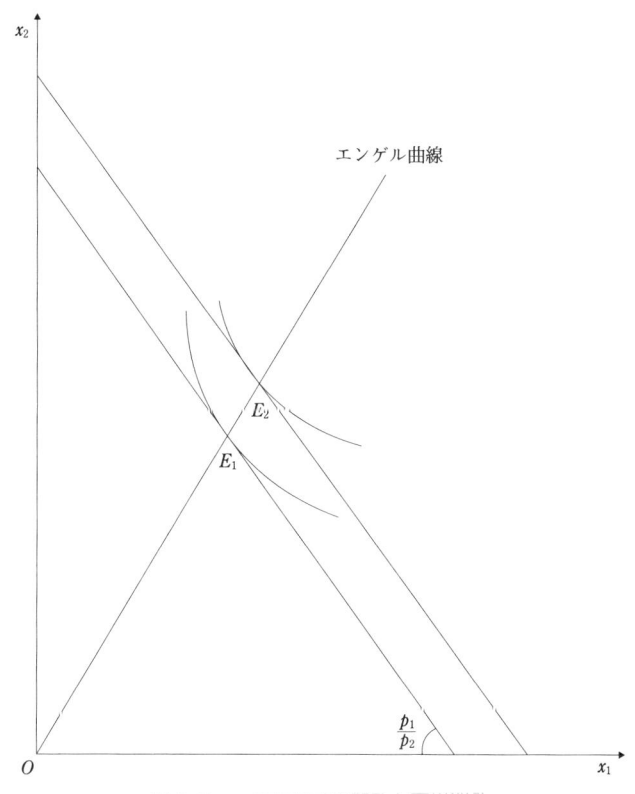

図 1-3 一次同次効用関数と支出関数

ここで,効用関数 u を相似拡大的 (homothetic) であるとしよう.つまり $v(x)$ を,ある一次同次関数,f を任意の連続単調増加関数としたとき,u は,以下のように定義できる.すなわち,

$$u(x) \equiv f(v(x)) \tag{1.26}$$

である.

(1.26) を用いて,(1.25) を書き直すと,

$$e(p, f^{-1}(u)) \equiv \min_x p \cdot x, \quad \text{s.t.} \quad v(x) \geq f^{-1}(u) \tag{1.27}$$

である．この最小化問題の解を図示したものが，図 1-3 である．ミクロの基礎理論が教えるように，一次同次関数の所得・消費曲線（Engel curve）は直線であるから，最低限達成せねばならない効用水準 $f^{-1}(u)$ に依存せず，相対価格ヴェクターのみによって，最適消費ヴェクターの要素間比率は決定されてしまう．このことは，支出関数 e が絶対価格ヴェクター p に関して一次同次となることを意味する．

さらに最低限達成されるべき効用 $f^{-1}(u)$ の支出関数 e の値への影響は，図の原点から最適消費ヴェクターまでの所得消費曲線の長さの比 $OE_1 : OE_2$ によって表現される．したがって，効用関数が相似拡大的である場合，支出関数 e は絶対価格ヴェクター p と達成さるべき効用水準 $f^{-1}(u)$ に関して乗法分離的（additive separable）にならなばならない．よって，「真の生活費用」は，

$$e(p, f^{-1}(u)) \equiv h(p) \cdot f^{-1}(u) \tag{1.28}$$

として表される．もちろん h は絶対価格ヴェクター p に関して一次同次関数である．

(1.28) の比を時間についてとり，

$$TP_t \equiv \frac{h(p_t)}{h(p_{t-1})} \tag{1.29}$$

としたものが，真の物価指数（true price index）である．

(1.29) のもっとも大きな特徴は，家計の効用水準 u と物価指数の値が無関係となっていることである．言い換えれば，所得の差に以外で生活実感に差をもたらすものがないことを意味している．その意味で確かに，相似拡大的な効用関数を仮定することは，かなり限定的である．だが集計（aggregation）の問題を考える際には，家計の効用関数にある程度の類似性を認めることが不可避であることを忘れてはならない．もしこうした集計問題の簡略化が許されないとするなら，真の物価水準の近似であるパーシェ（Paasche）物価指数，ラスパイレス（Laspeyres）物価指数も著しく

その意義を減ずることを，まずもって深く認識すべきである．

さて最後に実用に供されるパーシェ物価指数，ラスパイレス物価指数が，真の物価指数 (1.29) といかなる関係にあるかを示しておこう．まずパーシェ物価指数 PP_t から考えよう．すると，支出関数の定義から

$$PP_t \equiv \frac{p_t \cdot x_{t-1}^*}{p_{t-1} \cdot x_{t-1}^*} \geq \frac{p_t \cdot x_t^*}{p_{t-1} \cdot x_{t-1}^*} \equiv TP_t \qquad (1.30)$$

である．次にラスパイレス物価指数 LP_t については，同じく支出関数の定義から，

$$LP_t \equiv \frac{p_t \cdot x_t^*}{p_{t-1} \cdot x_t^{\perp}} < \frac{p_t \cdot x_t^*}{p_{t-1} \cdot x_{t-1}^{\perp}} \equiv TP_t \qquad (1.31)$$

である．したがって，よし知られている関係式

$$LP_t \leq TP_t \leq PP_t \qquad (1.32)$$

が得られる．

つまり真の物価指数 TP_t を導くためには，個人の効用関数に関する情報 $h(\cdot)$ を知らねばならないが，これは不可能である．したがって (1.32) のように，それを挟む形で，パーシェ，ラスパイレス物価指数で近似するのである．ただここで留意すべきは，やはりこれらの近似も真の物価指数を前提とする以上，物価が効用の変化に与える効果から，所得が無関係であって初めて，意味を持つことである．

言い換えれば，効用関数が相似拡大的であることを否定するのは，日常広く使われている物価水準が無意味であることを主張するに等しいことを知らねばならない．さらにいささか余談だが，総務省統計局が公表している消費者物価水準がパーシェ指数であることから，「実際」より高めに推計されており，「デフレ」がうまく観測されていないという批判がある．

しかしこれは全く意味をなさない．つまりこの場合の「実際」とは真の物価指数を指すのだろうが，そうしたものを推計する手立ては一体どこにあるのか．またパーシェ指数が問題と考えるなら，なぜ自ら下限の近似

であるラスパイレス指数を作ろうとしないのか．いずれにせよ，これらの「デフレ・不況」をめぐる議論は，初等的な誤りと怠惰の塊であり，学問的に問題とするに値しないことを，明言しておきたい[11]．

---

[11] これらの問題については，大瀧（2008, 2010）を参照されたい．また第 6 章の末尾で若干の議論をする．

第 2 章 寡占と雇用の基礎理論

2.1 寡占の動学的意義

　前章では財市場が完全競争，すなわちワルラス均衡にあるときに，貨幣が本質的に非中立的であることを証明した．しかしながら，雇用という経済問題を扱うには，前章の Keynes-Walras 型モデルでは限界がある[1]．

　すなわち，Keyens-Walras 型モデルでは，均衡において，賃金が留保賃金に等しく決まりかつ企業の利潤は消滅する．したがって雇用が増加しても，個人の経済厚生には何ら資するところがない．筆者の認識では，ケインズ経済学の核心は雇用問題の解決にある．よって，ケインズ経済学に確固とした基礎を与えるためには，理論の中に，雇用の増加とともに何らかの余剰が発生するメカニズムを導入する必要がある．

　もっとも直截でかつ現実的な手法は，寡占の要素を理論に導入することである．すなわち経済に差別化された数多の財が存在し，その財各々はただ一つの企業にしか作る技術がないと考えよう．すると初等的なミクロ理論で周知のように，砂粒のような企業それぞれに独占利潤（monopoly rent）が生まれる．

　そのような独占利潤は，もちろん余剰の源となる．静学理論には独占・寡占は，企業の利己的な価格維持政策が過少生産を招き，均衡での資源配

---

[1] 本章は Otaki（2007）と大瀧・玉井（2009）をもとに書かれている．

分はワルラス均衡でのそれに劣るとの初歩的定石がある．しかし動学理論において，この結論は覆る．その直観的な理由を説明しておこう．

すなわち，これら砂粒企業はワルラス均衡とは異なり，右下がりの需要曲線に直面している（製品が差別化されているというのは，理論的にはこうして表現される）．個々の企業の直面する需要曲線には相対価格のほかに，経済全体で集計化された実質所得つまり実質 GDP が所得効果を表す外生的なパラメータとして含まれる．これが決定的な役割を果たすのである．

少し寄り道になるが，ここで深く留意すべきは，動学理論においては貨幣が非中立的であるという命題の成否と財市場の競争状態とは，全く無関係であるということである．Blanchard and Kiyotaki (1987) 以来ニューケインジアンは，一貫して，「効用関数に導入された貨幣」(money in the utility function) の仮定を採用してきた．これが貨幣の非中立性と財市場の競争状態が密接不可分であるとの固定観念を，ほとんどの研究者に植え付けてしまった．

つまり，加法分離的な効用関数 (addtively separable utility function) に実質貨幣残高を構成要素 (argument) として取り込むと，古典的名作 Sidrauski (1967) を参照すれば直ちに明らかなように，労働供給を弾力的なものとしても，貨幣は（超）中立的となってしまう．そこでメニューコストやカルボ・ルール (Calvo rule) 等の価格改定に関する費用を場当たり的に導入し，貨幣の非中立性を捻り出しているのが，ニューケインジアンなる学閥の真の姿である．

価格改定に費用が存在すると想定する以上は，無論，企業がワルラス均衡のような価格受容者 (price taker) ではなく，寡占の企業で価格形成者 (price maker) にならざるをえないのは，理の当然である．さらにそれは，静学理論においては過少生産を生起させるため，均衡を次善 (second best) のものとし，パレートの意味で政策介入の余地を発生させる．実にニューケインジアンにおける貨幣の非中立性は，有効需要の不足にあるのではなく，供給サイドの過少生産に基づくものなのである．

第1章で述べたように，貨幣は優れて動学的な存在であり，その特質がニューケインジアンのように，本質的に（効用関数に貨幣を含むという意味で）静学的な理論では全く捉えきれていないのである．このために，

　　　価格改訂費用＋寡占理論　⇒　貨幣の非中立性＋不完全雇用均衡

という図式を，世界に広めることになってしまったのである．

　さて本道に帰ろう．同じく第1章で議論したように，貨幣が非中立的になるには財価格が名目限界費用と等しくなっていればよい（定理1）．これが独占的競争（monopolistic competition）と呼ばれるナッシュ均衡に入れ替わっても，財価格の代わりに名目限界収入が名目限界費用と等しくなれば良いだけであって，貨幣の非中立性を表現する基本方程式 (1.2) には本質的な変更の要がない．すなわち後に詳しく見るが，各期の各財の消費から得られる効用に，それぞれ同一の一次同次連続型 CES 関数を仮定すれば，需要関数の価格弾力性 η は一定値となり，最適な価格付けは，

$$p_t = \frac{\hat{\psi}(p_t, p_{t+1})\alpha}{1 - \eta^{-1}}$$

という独占的価格付けの修正項が分母に入るだけである．

　したがって，寡占下でももちろん貨幣は非中立的である．さらに貨幣が信頼できるもの（credible）であれば，名目貨幣供給量が増加しても価格は不変で，そのまま実質貨幣残高の上昇に繋がる．すると先ほど述べたように，実質有効需要が増えるという所得効果から，乗数効果を通じて雇用を改善すると同時に独占利潤も増加する．この利潤の増加にこそ経済厚生を高める効果があるのである．

　貨幣が原理的には中立的となってしまう静学理論では，独占・寡占は過少生産の原因としかならない．しかし非中立的である動学理論は，たとえ価格の伸縮性を許容しても，十分な貨幣供給を施せば，有効需要の理論（乗数理論）から過少生産は問題とならない．逆に独占利潤の増加が余剰の源泉となって，経済厚生を高めるのである．

それはなぜだろうか．この問題を解く糸口は，所謂「動学的非効率性」(dynamic inefficiency) にあるのだが，これは論理の構成上，本章の最後の部分で明らかにしよう．ただここでは，物価水準そのものとインフレ率とが，全く次元の異なった別の経済変量であることを強く意識することが，この謎を解くうえできわめて重要な鍵であることだけを予告しておく．

2.2 Keynes-Chamberlin 型モデル

2.2.1 独占的競争の考え方

本項では，先の Keynes-Walras 型のミクロ動学モデルを，独占的競争と呼ばれる Keynes-Chamberlin 型のモデルに拡張し，財政・金融政策の厚生経済学的な意義を問うことにしよう．

まず独占的競争の概念について簡単に触れておこう．独占的競争は，Chamberlin (1933) を嚆矢として，Dixit and Stiglitz (1977) を契機に，現代のマクロ経済学・ミクロの産業組織論では，広く使われるようになった均衡概念である．簡単化のために経済には差別化された n 種の財があるとしよう．上述したように，各企業は他のすべての企業の価格戦略を所与としたもとで，自らのそれを決定する．

注意すべきは，この際，自らの戦略がマクロでの集計化された実質所得および物価水準に対して影響を与えないと仮定する点である．つまり，企業は自らが生産する財に関しては，図 2-1 のような右下がりの需要曲線するが，自分はあくまでも砂粒のような存在で，その行動が経済全体に影響を与えることはないと考え行動するというのが，独占的競争の考え方である．

しかし厳密には小なりと雖も，一企業の行動は実質有効需要・物価水準等のマクロ集計変数に必ず影響を与える．したがって企業数が有限の場合，独占的競争の均衡はナッシュ均衡ではない．その意味で独占的競争の

第 2 章 寡占と雇用の基礎理論

$$D_t = \left[\frac{p_t(z)}{P_t}\right]^{-\eta} y_t$$

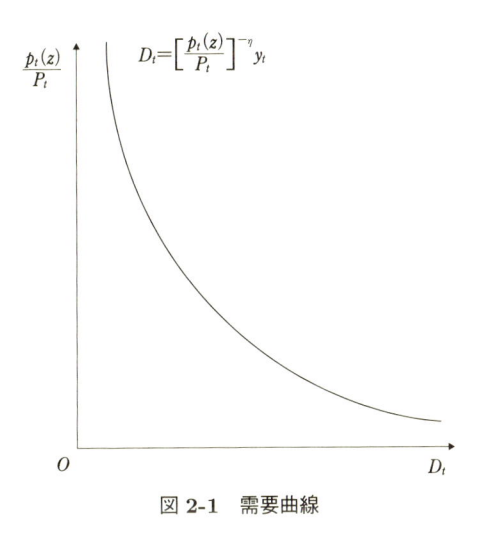

縦軸: $\frac{p_t(z)}{P_t}$、横軸: D_t

図 2-1 需要曲線

概念には，非合理性が残ってしまう．そこでこの企業のマクロ経済に対する考え方を正当化するために，その数を無限大として近似する必要が出てくるのである．このとき初めて，独占的競争の均衡はナッシュ均衡と一致する．

本章のモデルでは計算の容易化のために，閉区間 $[0,1]$ の点の「数」（非加算無限で数えられないのだが）だけの種類の財が存在すると仮定する．そして生産には固有の技術が必要とされ，ただ一つの企業しか当該財を供給できないと考える．また 1 企業当たり最大 1 だけの個人を採用できるとする．

2.2.2 モデルの諸仮定

まずモデルの構築にあたって，必要とされる諸仮定を列挙しておこう．

1. 個人の効用関数は生涯消費に関して一次同次，かつ各期の消費については同じく一次同次の連続型 CES 関数であるものとする．なお消費と余暇に関する設定は，第 1 章と同一である．すなわち，

$$U(c_t^1, c_t^2, \delta_t) \equiv u(c_t^1, c_{t+1}^2) - \delta_t \alpha,$$
$$c_t^i \equiv \left\{ \int_0^1 [c_t^i(z)]^{1-\eta^{-1}} dz \right\}^{\frac{1}{1-\eta^{-1}}} \tag{2.1}$$

である．ただし $\eta > 1$ とする．また $c_t^i(z)$ が，t 期に人生の第 i ステージを迎えた個人の第 z 財に関する消費量である．

なお消費に関する効用関数 u が第 1 章では相似拡大的であったものが，一次同次とより限定的な関数に置き換わっているのには，正当な理由がある．すなわち，名目留保賃金の導出にあたって Keynes-Walras 型モデルでは，利潤の存在を無視することができた．しかしながらこのままでは，支出関数

$$e \equiv \psi(p_t, p_{t+1}) f(u)$$

が達成目標の効用 u に関して非線形となる．つまり，関数 $f(u)$ に関して連続・単調増加である以上の性質を付すことができないのである．

仮に，名目利潤 Π があらゆる個人に平等に分配されるとすると，失業時には

$$\Pi = \psi(\cdot) f(\beta) \tag{2.2}$$

に対応する効用水準 β が得られる．一方名目留保賃金を W^R としたとき，就業時には

$$W^R + \Pi = \psi(\cdot) f(\alpha + \beta) \tag{2.3}$$

だけの効用水準が達成される必要がある．したがって消費に関する効用関数を相似拡大的としたときの，Keynes-Chamberlin 型モデルでの留保賃金は，(2.3) から (2.2) を減ずることで，

$$W^R = \psi(\cdot)[f(\alpha + \beta) - f(\beta)] \tag{2.4}$$

となる.

ところで (2.2) の定義から明らかなように，β は Π の関数である．したがって留保賃金 W^R も物価水準 (p_t, p_{t+1}) だけではなく，名目利潤 Π にも依存してしまう．さらに困ったことには，f の関数形が未知である．このため消費に関する効用関数を相似拡大的と考えると，解析的に名目留保賃金 W^R を定めることは，事実上不可能である．

だがこのとき，効用関数をもう少し絞り込んで一次同次形と想定すると，第 1 章の章末付録から明らかなように，対応する支出関数 $\hat{e}$ は達成目標の効用 u に比例し，

$$\hat{e} = \hat{\psi}(p_t, p_{t+1}) u \tag{2.5}$$

と書くことができる．すると $\hat{e} = W^R$ と $u = \alpha + \beta$ を (2.5) に代入することで，

$$W^R = (W^R + \Pi) - \Pi = \hat{\psi}(p_t, p_{t+1})[(\alpha + \beta) - \beta]$$
$$= \hat{\psi}(p_t, p_{t+1}) \alpha \tag{2.6}$$

として各個人が受け取る名目利潤 Π とは独立に，名目留保賃金が定まることになり，大変都合が良い．なおここで β は失業時に名目利潤だけを受け取ったときに得られる効用水準である．

このような美しい結論が得られるのは，効用関数が一次同次であると所得の限界効用が所得水準に依存せず一定値を取るからである．つまり経済学的には，労働所得のもたらす追加的効用が，他の所得すなわち独占利潤を源とする資本所得の大きさに依存しないと想定しているからに他ならない．ごく一部の「富裕層」はともかく，資産からの収益の多寡により，標準的個人の最低限要求する賃金が変化しないと考えるのは，それほど不自然なことではあるまい．

ここで筆者が訴えたいことは，数学的な一般性と経済理論の汎

用性との関係である．皮相的には数学的な仮定が緩いほど，汎用性のある理論が構築できると考えがちである．しかし，Sonnenschein (1973) らの研究が示すように，それは汎用性というよりも「**経済理論的に**」全く意味のない帰結をもたらす．

つまりゾンネンシャイン (H. Sonnenschein) らの研究を数学的立場から見るのではなく，経済理論的見地から解釈すれば，個々の関数に関する諸仮定がどれほど現実的であるかを考えることが重要であるとするのが，マクロ経済理論すなわち貨幣を含む動学的ミクロ経済理論にとって不可欠ということになる．経済学的な現実性 (relevance) とは，こういうことを指すのである．

余談だが，経済学者には物理学で使われている数学は，経済学よりはるかに高度で一般的であると誤解している人が多い．遙かに高度なのはその通りだが，しかし多少時間をかけて学べばわかるように，たとえば量子力学における Schrödinger 方程式は，数学的にはきわめて特殊な形をした偏微分方程式である．しかしこの方程式の解析のためには，初歩のレベルでも，ヒルベルト空間 (Hilbert space) やその上でのエルミート演算子 (Hermite operator) 等の知識が最低限必要とされる．

こうした特殊な方程式と適合した高度な手法が許されるのは，それが自然をまさに語っているからである．とすれば経済理論からすると，数学的にむやみに一般的な形式にこだわるというのは，逆に人間・社会に対する洞察が十分でないということになる．自然科学は実験ができるが，社会科学はそれができないからといって，科学の対象そのものに対して無関心でよいという言い訳には，決して繋がらない．

マーシャル (A. Marshall) が経済学者の資質を 'warm heart and cool head' と喝破し，ケインズがハロッド宛の手紙で 'Economics is a moral science.' さらに 'Economics is a branch of logics.' と唱えた

のは，まさにこの所以である．つまり，自分を大切にすると同様に他人を思いやる温かき心なしに，人間・社会を理解することは，決してできはしない．すなわち，他人を事物としてしか認識できない人間にとって，人間の有機的結合体である社会を正しく観察しようとすることは，子どもが星を欲しがるようなものである．

　数理的手法の採用は，cool head による branch of logics としての経済学の実践にしかすぎない．経済学の基本は，道徳科学（moral science）にあるのである．

2. 企業の生産関数は同一で，第1章と同様に労働の限界（平均）生産力が1であるものとする．
3. 政府の支出は浪費的で，第1章と同様のルールによって増発される貨幣によって，賄われるものとする．さらに簡単化のため政府消費の選好は，個人と同一であるとする．よって定常状態での政府の予算制約式は，

$$\left[1-\frac{1}{\rho}\right]m = g \tag{2.7}$$

である．ノーテイションは第1章と同じで，ρ がインフレ率，m が後述の物価水準 p_t でデフレートされた実質貨幣残高であり，g は実質政府支出である．

4. 貨幣は「信頼できる」（credible）ものであるとする．

2.2.3　個人と企業の最大化問題

まず個人の効用最大化問題を考えよう．この問題の解法の詳細は，大瀧（2005）の第2章，第3章に譲り，アウトラインと結果だけを述べておく．

この最大化問題は，次の二段階の最大化問題に分解される．すなわち，

1. 人生の各ステージでの名目支出 (E_t^1, E_{t+1}^2) を与えたもとで，その期の各財の消費量 $c_t^i(z)$ を効用

$$c_t^i \equiv \left\{ \int_0^1 [c_t^i(z)]^{1-\eta^{-1}} dz \right\}^{\frac{1}{1-\eta^{-1}}}$$

が最大となるように決定する．

2. 1. の結果を利用すると，

$$(E_t^1, E_{t+1}^2) = (p_t c_t^1, p_{t+1} c_{t+1}^2), \quad p_t \equiv \left\{ \int_0^1 [p_t(z)]^{1-\eta} dz \right\}^{\frac{1}{1-\eta}}$$

という表現形式が得られるので，これを用いて，生涯にわたる予算制約式を

$$\delta_t W_t^R + \Pi_t \geq p_t c_t^1 + p_{t+1} c_{t+1}^2, \tag{2.8}$$

と書き直す．そのもとで (c_t^1, c_{t+1}^2) に関して，消費に関する効用関数 $u(\cdot)$ を最大化する．

である．

1. の結果から毎期の第 z 財への集計化された需要関数 D_t が，(2.7) を考慮に入れることで，

$$D_t = \left[\frac{p_t(z)}{p_t}\right]^{-\eta} \left[c_t^1 + \frac{m}{\rho} + g\right] = \left[\frac{p_t(z)}{p_t}\right]^{-\eta} [c_t^1 + m] \tag{2.9}$$

として導出される．ここで，$\dfrac{m}{\rho}$ は今期の老人が保有する実質貨幣残高である．

さらに 2. の結果から，消費に関する効用関数が一次同次であることを考え合わせると，若者の集計化された消費関数 c_t^1 が，

$$c_t^1 = c(\rho) \left[\frac{W_t^R L_t + \Pi_t}{p_t}\right] \equiv c(\rho) y_t \tag{2.10}$$

という形で得られる．限界消費性向 $c(\cdot)$ は無論 $0 < c < 1$ であり，L_t は今期の雇用水準を表している．y_t は今期の実質分配 GDP である．

第 2 章 寡占と雇用の基礎理論

次に，企業の最適化問題について考えよう．企業 z は (2.9) の相対価格 $\dfrac{p_t(z)}{p_t}$ について弾力性一定の需要関数のもと，マクロの変数である (p_t, c_t^1, m) を所与として，名目利潤 $\Pi_t(z)$ が最大となるように，提示価格 $p_t(z)$ を決定する．すなわち，

$$\max_{p_t(z)} \Pi(p_t(z)) \equiv \max_{p_t(z)} \left\{ p_t(z) \left[\frac{p_t(z)}{p_t}\right]^{-\eta} - W_t^R \left[\frac{p_t(z)}{p_t}\right]^{-\eta} \right\} [c_t^1 + m] \tag{2.11}$$

である．ここで企業の直面する名目賃金が名目留保賃金と等しくなっているのは，第 1 章でも述べたように，不完全雇用均衡のみを分析対象としているからである．

(2.11) の解はきわめて明瞭で，(2.6) を考慮に入れると，

$$p_t(z) = \frac{W_t^R}{1-\eta^{-1}} = \frac{\hat{\psi}(p_t, p_{t+1})\alpha}{1-\eta^{-1}}$$

であるが，これを物価水準 p_t の定義にならって z に関して集計すると，

$$p_t = \frac{\hat{\psi}(p_t, p_{t+1})\alpha}{1-\eta^{-1}} \tag{2.12}$$

という，冒頭に予告した物価水準決定の基本方程式が確かに得られる．第 1 章の基本方程式とともに考え合わせると，(2.12) は貨幣の非中立性命題が，財市場の均衡概念とは全く無関係であることも確認できる．ニューケインジアンが財市場の寡占と価格決定のフリクションなしには，非中立命題を導出できなかったこととはきわめて好対照である．貨幣が介在すると，動学理論と静学理論にはこれほどの差が生まれるのである．筆者が貨幣が優れて動学的存在であると主張する根拠は，まさにここに求められる．

$\hat{\psi}(\cdot)$ の一次同次性に着目すると，(2.12) から均衡インフレ率 ρ^* の決定式，

$$1 = \frac{\hat{\psi}(1, \rho^*)\alpha}{1 - \eta^{-1}} \qquad (2.13)$$

が得られる．すなわち Keynes-Chamberlin 型モデルでも，経済が不完全雇用均衡にある限り，インフレは実物的現象なのである．なお (2.13) から均衡インフレ率 ρ^* は，Keynes-Walras 均衡のインフレ率 ρ^K より必ず低いことを，是非記憶しておいていただきたい．この情報が後に，有効需要管理政策の厚生経済学的意義を分析するうえで決定的な働きをするのである．

2.2.4 市場均衡

この Keynes-Chamberlin 型モデルにも，市場は財・労働・貨幣の三市場がある．このうち財と労働市場だけを取り上げることにすると，不完全雇用均衡を前提とする限り，均衡名目賃金が名目留保賃金に等しく決まることで，労働市場は均衡する．したがって事実上，労働市場の分析は終了している．問題は財市場である．そこでまず有効需要（実質支出 GDP）y_t^d を定義しよう．すると，(2.9) と (2.10) から，

$$y_t^d \equiv c_t^1 + \frac{m}{\rho} + g_t = c(\rho^*)y_t + m$$

となる．なお第二項が老人世代の実質総支出である．これが総供給 $y_t^s = y_t$ と等しくならなければならないから，均衡条件は

$$y_t = c(\rho^*)y_t + m \qquad (2.14)$$

として表される．つまり第 1 章の図 1-2 と全く同様の（総需要直線 AD の傾きは異なるが）Hicks-Samuelson の 45°線分析が，Keynes-Chamberlin 型モデルでも成立するのである．

2.2.5 有効需要管理政策の厚生経済学的意義

これまでの議論で，事実解明的分析（positive economics）の範囲では，

財市場の均衡概念の入れ替えは理論に本質的な変更を迫らないことが明らかとなったであろう．しかし冒頭に述べたように，問題は規範的分析（normative economics）の側面である．

すなわち初等的経済学において，Hicks-Samuelson の 45°線分析を学ぶとき，そこには拡張的有効需要管理政策により，産出量・雇用量が増加すると何か経済にとって「良いこと」が起きるとの暗黙の相互理解があるはずである．少なくとも物心ついたときに大量失業と向き合わねばならなかった筆者には，そう感じられた．

本項では，第 3 章から比べればまだ限定的であるが，そうした初学者の心に本来芽生えるべき社会的な共感（sympathy）が，現代のマクロ経済学からもほとんど無限定に支持できることを明らかにする．

まず支出関数 $\hat{e}$ と名目留保賃金 W_t^R の定義からから間接効用関数 h は，

$$h = \frac{W_t^R L_t + \Pi_t}{\hat{\psi}(p_t, p_{t+1})} - \alpha L_t = \frac{\pi_t}{\hat{\psi}(1, \rho^*)}, \quad \pi_t \equiv \frac{\Pi_t}{p_t}$$

である．すなわち各個人の生涯効用は，実質独占利潤 π_t に正比例する．したがって，π_t が均衡 GDP y^* の増加関数であることを示せばよい．

すると，(2.11) と (2.12) より，容易な計算により，

$$\pi_t = \eta^{-1} y_t^*$$

である．したがって $\eta < +\infty$ である限り，独占利潤は均衡実質 GDP に正比例する．以上から不完全雇用下においては，拡張的な財政・金融政策が独占利潤の増加を通じて，パレートの意味で資源配分を改善することが分かった．これを定理の形でまとめておこう．

定理 5 独占的競争を前提とする Keynes-Chamberlin 型モデルにおいて，不完全雇用均衡下では，拡張的財政・金融政策は，パレートの意味で経済厚生を改善する．■

しかしこの結論は，以下の意味で限定的である．すなわちここで取り扱っている失業が，自発的であるということである．つまり賃金が働いても失業してもどちらでも良い水準に定まっているわけであるから，この失業は自発的なのである．

だが次章で検討されるように，個人総体としての労働組合の交渉力を認め，労働市場の均衡概念を一般化 Nash 交渉解へ拡張し，均衡名目賃金が名目留保賃金を上回ることを認めても，ここでの結論は維持される．かつ McDonald and Solow (1981) 流の効率的賃金交渉 (efficient wage bargaining) を取り込むことによって，労働組合の存在が雇用の阻害要因とならないことも，厳密に証明されることになる．すなわち次章で証明されるのは，価格（名目賃金）改定のフリクションが存在しなくとも，「非自発的失業」が存在するという定理である．しかしその前に足を止めて，なぜ寡占の均衡がワルラス均衡より望ましくなるのかを，理論的に明らかにしておこう．

2.3 寡占の効能

2.3.1 物価水準とインフレ率は別の変量

先に述べたように，ここでは物価水準そのものとインフレ率を厳密に区別することが，きわめて大切になる．たとえば Lucas (1972) でいうところのフィリップス曲線は，実は，インフレ率と余暇時間ではなく，今期の物価水準と余暇時間の間の負の相関であり，この区別が（おそらく意図的に）曖昧となっている．

すなわち彼のモデルにおいて，外生的なショックはすべて $i.i.d.$ (independently identically distributed) 過程に従うとされているから，論文中の

$$\ln Y_t = \beta_0 + \beta_1 \left[\ln P_t - \ln P_{t-1}\right] + \varepsilon_t$$

というフィリップス曲線のうち，ラグ項 $\ln P_{t-1}$ は，計算が正確なら決して現れるはずのないものである．代わりに同じ係数 β_1 で前期の貨幣残高 m_{t-1} が入らなければならない．なぜならば，過去の予期されなかった外生的攪乱は，$i.i.d.$ の仮定により，現在の行動には一切影響を与えないからである．これは均衡価格関数が，

$$P_t = m_{t-1}\phi(z_t)$$

という具合に，既知の貨幣供給量 m_{t-1} と今期の状態を決める外生ショック z_t の積の関数であることからも明らかである．

このような変数の次元をめぐる「混乱」は，しばしばマクロ経済理論に見られる．しかし絶対価格である物価水準（時間の次元なし）と貨幣の収益率の逆数としてのインフレ率（時間の次元あり）は，異なった変数であることを認識することがいかに重要かは，上でのルーカス論文の例からも明らかであろう．

要約すれば，静学理論における比較静学分析の結果，均衡の移動によって物価水準が上昇することは物価の連続的上昇を意味するインフレーションではない．インフレ率はあくまで貨幣の収益率の逆数（あるいは現在財と将来財の相対価格）という意味で，時間の次元を持った内生変数なのである[2]．

2.3.2 静学分析と厚生経済学第一基本定理の限界

寡占が完全競争にパレートの意味で優るというのが，本章の基本的主張であるが，そんな「常識」はずれな，と評る読者がおられる可能性はきわめて高い．その問いに答えるために，本項ではその「常識」なるものが何

---

[2] Woodford (2003) や Galí (2008) などのニューケインジアンの見せかけ上の動学理論 (spurious dynamic theory) も外生的攪乱がなければ，貨幣は中立的となり，インフレ率は貨幣供給の増加率に等しくなる．すなわち彼らのモデルは，決定的に確率的攪乱の存在に依存しているのである．

に基づいているかをえぐり，寡占の新たな動学的役割を考える糸口としよう．

まず，Blanchard and Kiyotaki（1988）流の静学モデルの限界を考えよう．実はこのモデルの性質を最終的に規定しているのは，労働供給が実質賃金に対して弾力的であるという想定にある[3]．つまり彼らのモデルでは，寡占により実質賃金が切り下がり，労働供給のインセンティブが削がれることが，過少雇用を生む原因なのである[4]．

見かけはともかく，サプライサイドに過少雇用を生むメカニズムがあるのでは，到底ケインズ的な理論とは言い難い．さらに過少雇用の原因を労働供給に求める，言い換えれば実質賃金が安いから働かないと考えるのでは，失業はすべて自発的となってしまうことにも留意しなくてはならない．このように静学分析では，労働（余暇）と消費の間の限界代替率と転形率の乖離によってしか，市場の失敗を表現できない．これに対し，無限時間の分権化された意思決定という構造を持つミクロ動学理論では，実はこのほかに重要な市場の歪みが存在するのである．

それを議論する前に，より本質的な疑問すなわち厚生経済学の第一基本定理とここでの理論の対応関係を解説しよう．まず，「おさらい」をしておこう．簡単化のため純粋交換経済における厚生経済学の第一基本定理とその証明の大筋を記しておく．すなわち，

定理6 個人 i の初期賦存量を表す n 次元ヴェクターを e_i，その消費可能量を表すヴェクターを x_i とする．さらに非負の価格ヴェクターを p とする．このとき，予算制約

---

[3] より数理的な分析は，大瀧（2005）の第1章を参照されたい．
[4] 本章の理論も生産関数に収穫逓減を導入することで，労働供給の弾力性を有限にすることができる．ただこの場合限界費用が逓増するために，有効需要の増加に伴い，物価水準が上昇しインフレ率も変化する．この問題はフィリップス曲線を議論する第4章で扱われる．これまで生産関数を線形にしてきたのは，Blanchard-Kiyotaki流の実質賃金低下による労働意欲の低下というサプライサイドの影響を取り除くための便法である．この問題に関しては，大瀧（2008）の第2論題も参照されたい．

$$p \cdot e_i \geq p \cdot x_i, \quad i = 1, 2, \cdots, m \tag{2.15}$$

のもとで，各個人 i が効用最大化していることから，最適な消費計画ヴェクター x_i^* は

$$x_i^* \succeq x_i, \quad \forall x_i \tag{2.16}$$

を満たす．このとき

$$\sum_i p \cdot (e_i - x_i^*) = 0 \quad \Leftrightarrow \quad \sum_i p \cdot e_i = \sum_i p \cdot x_i^* \tag{2.17}$$

ならば，配分 $W^* \equiv ((e_i), (x_i^*), p)$ はパレート効率的である．■

証明

背理法による．選好が単調で（各財の消費量が多ければ多いほどよいということ）かつ，局所非飽和（どんな消費計画の近くにも，必ずそれより望ましい計画があるということ）であれば，(2.15) は，すべての x_i^* について等式で成り立つ．すなわち，

$$p \cdot e_i = p \cdot x_i^*, \quad i = 1, 2, \cdots, m \tag{2.18}$$

である．ところで，配分 W^* がパレート非効率であれば，少なくとも一人の i について，$x_i^{**} \succ x_i^*$ なる x_i^{**} が存在しなくてはならない．このとき明らかに，

$$p \cdot x_i^* < p \cdot x_i^{**}, \quad \exists i \tag{2.19}$$

である．

x_i^{**} の存在を認める配分 $W^{**} \equiv ((e_i), (x_i^{**}), p)$ が存在するならば，(2.17)，(2.18) および (2.19) を考慮に入れると，

$$\sum_i p \cdot (x_i^* - x_i^{**}) < 0 \Leftrightarrow \sum_i p \cdot e_i = \sum_i p \cdot x_i^* < \sum_i p \cdot x_i^{**} = \sum_i p \cdot e_i \tag{2.20}$$

となる．(2.20) は明らかに矛盾である．■

　上の定理は，ワルラス均衡が存在すれば，それはパレート効率的であることを主張している．われわれの理論と一見すると大きなこの齟齬は，一体何なのだろう．実はここに無限というものの深さが秘められているのである．この証明のキーとなるのは，(2.20) の集計化にある．このとき均衡価格ヴェクター p および経済主体の数 i は，有限次元であると想定されている．

　つまり有限の個人が有限の財を精一杯使っているから，経済がこれより良くなることはないというのが，この定理のメッセージである．言い換えれば，時間を通じた無限連鎖講（永遠に続くねずみ講）が不可能であることを前提としているのである．

　しかしわれわれの世代重複モデルでは，貨幣が導入されているために，これらがすべて無限次元となる．したがって (2.20) のような集計の操作が意味を持つとは限らないのである．ここで簡単化のために Keynes-Walras 型モデルに完全雇用を仮定して（純粋交換経済を考えることと同等である），よりこの議論を深めてみよう．すると毎期

$$(\rho^K)^t \left[c(\rho^K) + \rho^K c_2(\rho^K) \right] = (\rho^K)^t \cdot 1 \tag{2.21}$$

が成り立つが，インフレ経済で $\rho^K \geq 1$ である場合，これらの予算制約式を時間 t について足し合わせることには意味がない．両辺とも発散してしまうからである．

　実際このインフレ経済においては，無限連鎖講が可能なのである．そこで第 0 期に若者が老人に ε だけ余分に財を譲り渡したとしてみよう．すると彼・彼女は次の期には，$\dfrac{\varepsilon}{\rho^K}$ 単位だけの財を受け取ることで同じ効用

を保つことができる．なぜならば，物価水準が来期に ρ^K 倍となることは織り込み済みだからである．しかし彼・彼女は，次の世代から ε だけの財を受け取れるわけであるから，差引

$$\left[1 - \frac{1}{\rho^K}\right]\varepsilon \tag{2.22}$$

の財を余分に受け取れることになり，このような所得移転によって効用を高めることができる．世が無限に続く限り，拠出だけに終わる個人は存在しないから，当該所得移転策は，確かにワルラス均衡の資源配分をパレート改善する．

このように無限連鎖講によって，資源配分が改善する状態を，「動学的非効率」(dynamic inefficiency) にあると呼ぶ．すなわちインフレ下の貨幣経済は，動学的に非効率なのである．こうした状況は限界代替率・転形率が一致している状態でも現出するわけで，明らかに Blanchard-Kiyotaki 型の静学理論とは性質が異なることを理解できよう．

2.3.3 寡占はなぜ経済厚生を高めるか

さて以上の準備のもとで，いよいよ寡占がなぜ経済厚生を高めるかを解説しよう．そこで予告した均衡インフレ率 ρ^* の決定方程式 (2.13) の性質を使おう．ここから明らかなことは，寡占で需要の価格弾力性 η が有限であれば，技術が拡散し参入・退出が自由になって利潤が消滅するワルラス均衡の場合（計算の便宜上 $\eta \to +\infty$ とした場合と同等の結果を生むが）に比べ，均衡インフレ率が ρ^K から ρ^* へと低下することである．

すなわち，寡占企業の行動を動学的観点から解釈すると，現存財価格を将来財価格に比べて高くする働きがある（もちろんこれらは彼らが意識的になすことではないが）．なぜならば，限界費用となる名目留保賃金のアンカーに将来の物価水準が含まれているからである．つまり，限界費用に比べ提示価格が上昇するのが寡占の特徴であるから，今期の物価水準は将来のそれに比べて上昇，すなわちインフレ率の低下が発生するのである．

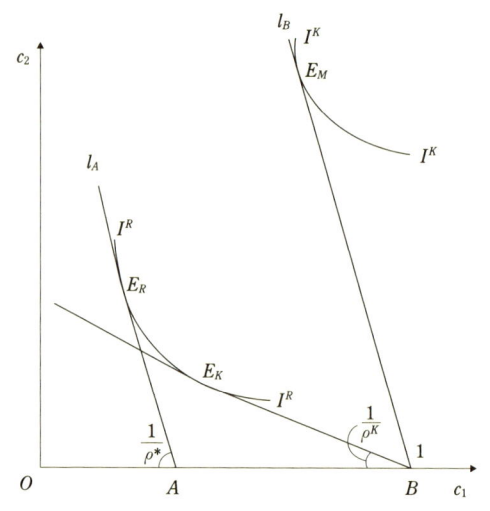

図 2-2 完全競争均衡と独占的競争均衡（完全雇用）

 ところで以下の理由で，(2.22) は貨幣経済における資源配分の歪みの大きさを表す指標であると考えられる．すなわち，(2.22) はインフレ率 ρ において，貨幣経済の資源配分を，財そのものの信用で，どれほど補正する余地があるかを表しているわけである．翻っていうなら，この値が大きいほど歪みが大きいと解釈できるのである．すなわちインフレ率 ρ の低下は，貨幣の収益率の改善（インフレ税の減税）を意味し，若年期にしか所得のない個人にとって，生涯所得の上昇を意味するのである．

 この様子を差し当たり完全雇用を仮定し，図 2-2 を用いて解説しておこう．図の $I^R I^R$ 曲線は，労働の不効用 α に等しいだけの消費水準に対応する無差別曲線である．均衡インフレ率が ρ^K である Keynes-Walras 均衡では，今期の物価水準 p_t でデフレートした実質留保賃金は線分 OB の長さであり，最適な消費計画は点 E_K である．一方より低いインフレ率 ρ^* で均衡する Keynes-Chamberlin 型モデルでは，実質留保賃金は線分 OA の長さで表され，線分 AB が独占利潤の大きさに対応する．

 したがって個人の直面する予算制約条件は，点 E_R を通る接線 l_A に平

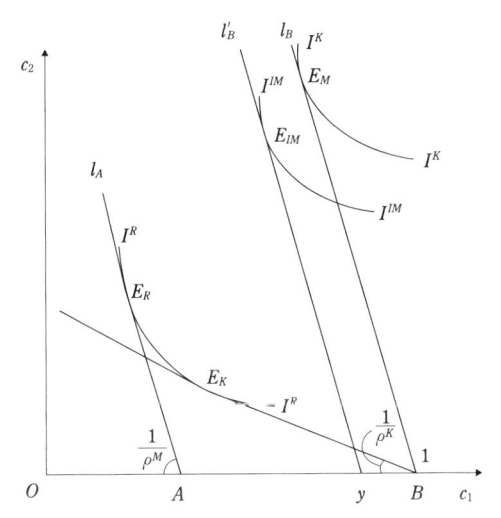

図 2-3 完全競争均衡と独占的競争均衡（不完全雇用）

行な傾きを持ち，かつ，点 B を始点とする半直線で l_B ある．Keynes-Chamberlin 均衡は，その半直線と無差別曲線 $I^K I^K$ が接する点 E_M で表現される．すると図から明らかなように，Keynes-Chamberlinn 均衡は，Keynes-Walras 均衡に対してパレート優位にあることが確認できる．

また作図のプロセスから明らかなように，不完全雇用均衡では図 2-3 のように，雇用された個人の予算制約線が，独占利潤の減少のために半直線 l'_B へと左方に平行移動し，均衡が E_{IM} に移動するだけである．また労働供給からは追加的な効用が得られないことから，失業した個人も同様の無差別曲線 $I^{IM} I^{IM}$ に対応するだけの効用を得ることができる．ただし雇用された個人に比べ，消費量が労働所得に対応する E_R の座標の分だけ少なくなる．これは図によって定理 5 の成立を確認したことに他ならない．

以上を総括すると，Keynes-Chamberlin 均衡は Keynes-Walras 均衡に比べて，資源配分上優れた性質を持つ．すなわち独占利潤の分配によって，言い換えればインフレ率の低下によって低い生計費でも暮らせる余裕ができるために，経済に余剰が発生し個人の効用を押し上げるのである．

この節を閉じるにあたって,得られた結論を定理の形で整理しておこう.すなわち,

定理 7 財市場に独占的競争を仮定する Keynes-Chamberlin 均衡の配分は,完全競争を仮定する Keynes-Walras 均衡のそれに比べパレート優位にある. ■

補遺　デフレの場合

本論中ではこれまで ρ が 1 を超えるインフレのケースだけを扱ってきた.これは論理を研ぎ澄ますための便法であり,デフレの場合すなわち $\rho<1$ の場合にも,定理 5 および定理 7 は成立する.ここではそれを明らかにしておこう.

そこで (2.22) に戻ろう.デフレ時には [ ] の中は負値であるから,今度は逆に ε を負にとることによって,最初の世代の老人を差し当たり別にして,すべての世代の経済厚生は上昇する.

つまり,インフレのときとは逆に老年世代に $p_t\varepsilon$ だけ貨幣の形で課税し,それを若者に移転させるのである.この若者が年をとると,

$$\frac{p_t}{p_{t+1}}\varepsilon - \frac{p_{t+1}}{p_{t+1}}\varepsilon = \left[1-\frac{1}{\rho}\right]\varepsilon > 0$$

だけの消費を新たに増やすことができて,初期以外のすべての世代の経済厚生は改善する.

問題は初期時点 0 の老人である.このままでは,ε だけの消費機会を失うだけである.しかしここで留意すべきは,価値保蔵手段が財ではなく貨幣であり,不完全雇用下においては,追加的費用なしに乗数効果を通じて消費機会を増やすことができることである.

すなわち不完全雇用下で,$p_0\varepsilon$ だけの貨幣を増発し,それを老人に移転すれば,彼・彼女は租税負担を免れることができる.したがって,定理

4月の新刊

Book review APRIL 2011

〒112-0005 東京都文京区水道 2-1-1
営業部 03-3814-6861 FAX 03-3814-6854
ホームページでも情報発信中。ぜひご覧ください。
http://www.keisoshobo.co.jp

表示価格には消費税が含まれております。

技術者倫理の現在

大石敏広

単なる知識の寄せ集めでなく、みずから「考える」総合的な知へ!技術者倫理の全体像を捉え、考える力を身につけるための入門書。

A5判並製 216頁 定価 2625円
ISBN978-4-326-10206-8

共通善の政治学
コミュニティをめぐる政治思想

菊池理夫

サンデルや現代コミュニタリアンはなぜ今、古代からの西洋政治思想「共通善」を説くのか。新たな実践哲学が、ここから始まる。

A5判上製 264頁 定価 2940円
ISBN978-4-326-30199-7

メコン広域経済圏
インフラ整備で一体開発

川田敦相

プロボノ
新しい社会貢献 新しい働き方

嵯峨生馬

民主政の不満

マイケル・サンデルの主著、待望の完訳なる！

公共哲学を求めるアメリカ

上 手続き的共和国の憲法
下 公民性の政治経済

マイケル・J・サンデル（ハーバード大学教授）

上 金原恭子・小林正弥 [監訳]
下 小林正弥 [監訳]

Democracy's Discontent:
America in Search of a Public Philosophy

Book review
APRIL
2011

勁草書房
http://www.keisoshobo.co.jp

この本は、アメリカの文脈において私自身の政治哲学を探求したものです。私の著作『これからの「正義」の話をしよう』に関心を持ってくださった人たちにこの本が魅力を持ち、日本における民主政の議論に貢献することを望んでいます。

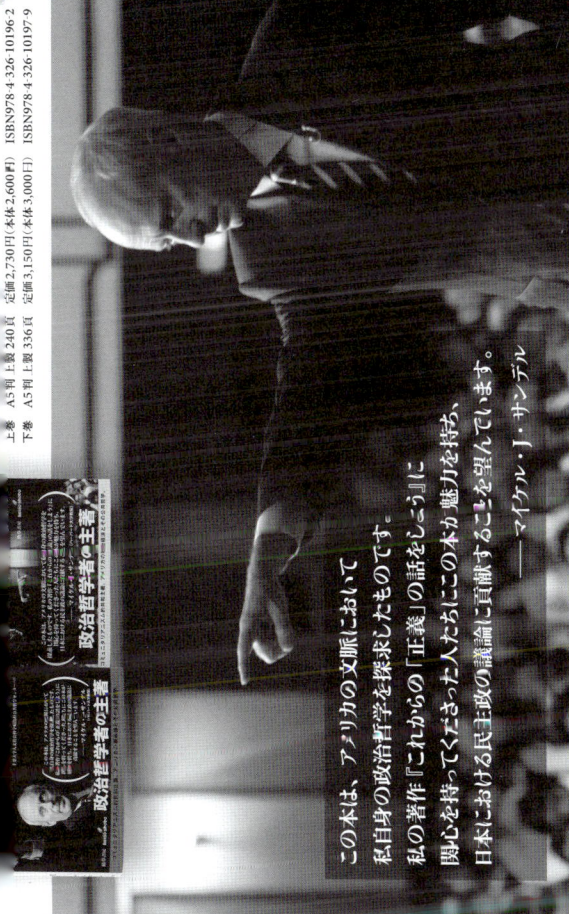

——マイケル・J・サンデル

上巻 A5判 上製 240頁 定価2,730円(本体2,600円) ISBN978-4-326-10196-2
下巻 A5判 上製 336頁 定価3,150円(本体3,000円) ISBN978-4-326-10197-9

勁草書房

〒112-0005 東京都文京区水道2-1-1
TEL 03-3814-6861 FAX 03-3814-6854
http://www.keisoshobo.co.jp

4月の重版

GMS:現代国際関係学
A5判上製244頁 定価5040円
ISBN978-4-326-50347-6

リベラリズムと正義の限界［原著第二版］

マイケル・J・サンデル
菊池理夫 訳

A5判上製312頁 定価4200円
ISBN978-4-326-10188-7 1版6刷

リベラルコミュニタリアン論争の基点、リベラリズムは共有された公共の哲学ではないことを論証した、正義と権利の共同体論入門。

大学生の職業意識とキャリア教育

谷内篤博

四六判上製200頁 定価2310円
ISBN978-4-326-65306-5 1版4刷

刻々と変化する大学生の職業意識、職業観が採用、配属後の役割は今、どのように変わらねばならないのか、豊富な具体例で迫る。

言語哲学入門

服部裕幸 著

四六判上製248頁 定価2940円
ISBN978-4-326-15309-5 1版6刷

言語に関心のある人に好個の言語哲学や哲学や言語学の間の知識をもらない人も、考えながら楽しく読める入門。

赤ちゃんにおむつはいらない

失われた育児技法を求めて

三砂ちづる 編著

四六判上製320頁 定価2100円
ISBN978-4-326-65346-1 1版4刷

赤ちゃんは生後すぐから「おまる」で排泄できるし、排泄のサインも出ている！「おむつなし」に挑戦した40組の親子の実践記録。

双書エニグマ⑨
人間科学の哲学

自由と創造性はどこへいくのか

山口裕之 著

四六判上製264頁 定価2940円
ISBN978-4-326-19912-9 1版2刷

科学的な決定論では、人間の自由への対立は、脳科学や分子生物学においてこそいう形で先鋭な問題になっている。

双書 音楽文化の現在１
拡散する音楽文化をどうとらえるか

東谷護 編著

四六判上製272頁 定価2940円
ISBN978-4-326-69861-5 1版3刷

音楽はいかなる媒介によって大衆文化となるか。音楽に由来の媒介作用（メディエーション）に焦点をあてて、研究の新潮流を示す。

進化しで社会科学
四六判上製196頁 定価1995円
ISBN978-4-326-65362-1

メッセージ分析の技法
［内容分析］への招待

K・クリッペンドルフ 著
三上俊治・椎野信雄・橋元良明 訳

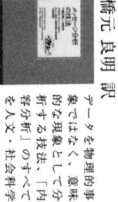

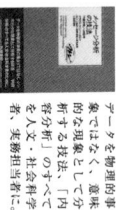

A5判上製296頁 定価3780円
ISBN978-4-326-60061-8 1版1刷

データを物理的現象ではなく、意味的な現象として分析する技法、「内容分析」のすべてを大文、社会科学者、実務担当者に。

講座 医療経済・政策学 第6巻
医療制度改革の国際比較

田中滋・二木立 編著

A5判上製192頁 定価2730円
ISBN978-4-326-74836-5 1版4刷

「医療経済・政策学」講座全6巻のグローバル化の先で医療制度的研究を経て、国際比較のの一冊。研究の新潮流、示す。

5,7はデフレ下でもそのまま成り立つのである.なおこのことは図2-2, 2-3の作図法が,ρの大小のみに依存し,それが1より大か小かとは無関係であることからも,容易に想像できよう.

章末付録　Kiyotaki-Wright モデルの再検討

　この付録では,貨幣経済の描写法として,本論で一貫して用いられている「世代重複モデル」と代替的なモデルであるとされるKiyotaki and Wright (1991) の性質を検討する.彼らの理論は,Diamond (1982) の物々交換サーチモデルに貨幣を取り込んだものである.検討の要は,この拡張が自然であるや否やである.

　彼らのモデルでは,個人は3つのステイタスに区分される.一つは「生産者」(producer) であって,財の生産の機会をうかがっている状態である.いま一つは「商品取引者」(commodity trader) であり,財の生産を終え交換相手(「商品取引者」同士の交換の可能性を排除しない)を探している状態である.最後が「貨幣取引者」(money trader) で財と貨幣を交換し,「商品取引者」との出会いを待っている状態である.

　各生産者により生み出される1単位の財は,それぞれの個人について区間$[0,1]$で差別化されており,財の性質zが0に近いほどより消費から得られる効用$u(z)$が高いものとする(長さ2の円周上に個人が一様に分布していて,それぞれ時計回り(反時計回りでもよい)に購入すべき財の列 (spectrum) が存在すると考える).

　さらに,これは決定的な仮定だが,貨幣は保蔵が利かず「貨幣取引者」となったら,$\varepsilon \approx 0$時間だけしかその位置に留まれないものとする.後のこの非現実的な仮定をより現実的なものとしたとき,彼らのモデルがいかなる修正を受けるかが検討される.

　さてDiamond (1982) にならって,生産のチャンスおよび交換のチャンスは,それぞれ平均α, βのポアソン過程に従うとしよう.さらにこれ

に対応して,「生産者」でいることの期待生涯効用を V_p,「商品取引者」のそれを V_c,「貨幣取引者」のそれを V_m, としよう.

すると「生産者」は次の瞬間チャンスにめぐり合い費用 C を支払い「商品取引者」に変わるか,そのまま「生産者」に留まるかのどちらかだから,V_p は次の代数方程式を満たす.すなわち,

$$V_p = e^{-r\varepsilon} \left\{ \alpha\varepsilon \int_0^x [V_c - C]dF(C) \right.$$
$$\left. + \left\{ [1-\alpha\varepsilon] + \alpha\varepsilon \left[1 - \int_0^x dF(C)\right] \right\} V_p \right\} + o(\varepsilon)$$

ここで $F(C)$ は財 1 単位の生産費用 C の累積分布関数である.すなわち上式は,財の生産には難易があって,ある費用水準 x を上回ると,せっかくのチャンスも見送らざるをえないことを表している.

これを整理し,両辺を ε で除して極限をとると,

$$rV_p = \alpha \int_0^x [V_c - V_p - C]dF(C) \tag{2.23}$$

として,V_p は表現される.

一方「商品取引者」は同類あるいは「貨幣取引者」とめぐり合い「交換」を行うか,そのままに留まるかのどちらかであるが,「交換」によって得られる期待利得は,

$$e^{-r\varepsilon} \left\{ \beta\varepsilon \left\{ [1-m] \left[\int_0^x u(z)dz + xV_p \right] + myV_m \right\} \right\} + o(\varepsilon)$$

である.ここで m は「取引者全体」に占める「貨幣取引者」の割合で外生的に与えられている.また y は「商品取引者」が「貨幣取引者」と会ったときの交換の成功確率である.さて一方,そのまま「商品取引者」に留まったときの期待利得は,

$$e^{-r\varepsilon} \left\{ \{[1-\beta\varepsilon] + \beta\varepsilon\{m[1-y] + [1-m][1-x]\}V_c \right\} + o(\varepsilon)$$

となる.さてこの両者を加え合わせたものが V_c であるから,それに先ほ

どと同じような演算を施すと，

$$rV_c = \beta[1-m]\left\{\int_0^x \{u(z)-[V_c-V_p]\}dz\right\} + \beta my[V_m - V_c] \quad (2.24)$$

が得られる．

難物は「貨幣保有者」の期待効用である．論文の記述通り，貨幣は単位期間 ε のみ交換手段として機能した後はただの紙切れとなり，「貨幣取引者」はすべからく「生産者」へ戻るものとしよう．ただし「貨幣保有者」が「商品取引者」とめぐり合ったときの交換の成功確率は 1 とする．すると，

$$V_m = e^{-r\varepsilon}\left\{\beta\varepsilon\left\{[1-m]\int_0^y u(z)dz + V_p\right\} + [1-\beta\varepsilon]V_p\right\} + o(\varepsilon)$$

両辺から $e^{-r\varepsilon}V_m$ を減じて整理すると，

$$\frac{[1-e^{-r\varepsilon}]}{\varepsilon}V_m = e^{-r\varepsilon}\left\{\beta[1-m]\left[\int_0^y u(z)dz\right] + \frac{[V_p-V_m]}{\varepsilon}\right\} + o(\varepsilon)$$

となり，$\varepsilon \to 0$ の極限は，

$$rV_m = \beta[1-m]\int_0^y u(z)dz + \lim_{\varepsilon\to 0}\frac{[V_p-V_m]}{\varepsilon} \quad (2.25)$$

である．これは原論文とは，異なる結果である．

そこで仮定を替えて，「貨幣取引者」は取引の機会に恵まれなければ，そのまますなわち「貨幣取引者」の地位に留まることができるとしてみよう．すると，

$$\begin{aligned}V_m = e^{-r\varepsilon}&\bigg\{\{\beta\varepsilon\left\{[1-m]\int_0^y u(z)dz + yV_p\right\}\\ &+\{[1-\beta\varepsilon]+\beta\varepsilon\{m+[1-m][1-y]\}\}V_m\bigg\} + o(\varepsilon)\end{aligned}$$

であるから，結局，

$$rV_m = \beta[1-m]\left\{\int_0^y u(z)dz - y[V_m - V_p]\right\} \qquad (2.26)$$

となり，これが原論文中の式を忠実に再現したものとなる．すなわち，貨幣は決済手段のみとして流通する保証はなく，それが価値保蔵手段を兼ねて初めて本来の機能を発揮することを，この事実は物語っている．

このモデルを世代重複モデルと比較すると，次のことがいえる．すなわち世代重複モデルでも，貨幣は決済機能と価値保蔵手段を有しているのである．若年時に貨幣を受け取るときは，価値保蔵手段として受け取り，老年時にそれを支出するときには決済手段として用いられる．言い換えれば，こうしたサーチ理論による貨幣経済モデルと従来の世代重複モデルの間には，見かけほどは大きな差がないのである．

加えて，サーチ理論では貨幣供給経路が不分明でかつ物価水準が登場しない．したがって，この理論で貨幣経済の最も重要な課題である貨幣の中立性の成否を論ずることはできない．こうしたことを鑑みれば，モデルがより煩雑となるサーチ理論よりも世代重複モデルのほうが，理論としては優れていると，筆者は判断する．

Kiyotaki-Wright モデルは，(2.23)，(2.24) および (2.26) に加えて，価格一致（value-matching）条件，

$$V_c = V_p + u(x), \quad V_m = V_p + u(y) \qquad (2.27)$$

から，(V_p, V_c, V_m, x, y) が決まる体系である．これ以上の情報は原論文に当たっていただきたい．存在証明その他はすべて中間値の定理の応用で，数学的に難しい部分は存在しないので，安心してトライできる．

なお原論文通りの想定，すなわち貨幣が決済手段としての機能しか持たないとの想定のもとでは，貨幣が流通しないことは以下のように容易に示される．

まず貨幣が決済手段としてしか機能しないならば，V_m は (2.26) ではなく，(2.25) として定義されねばならない．この式が意味を持つためには

(2.27) の右側の方程式が，

$$V_m = V_p \tag{2.28}$$

と書き直される必要がある．そうでなければ，どんな微小な時間をとっても必ず評価関数の値のジャンプが起きるため，貨幣保有者の時間当たりの収益率 rV_m が負の無限大へ発散するからである．

　このことを経済学的に表現すれば，ポアソン過程の性質から「商品取引者」と出会い交換に成功することで得られる期待効用は，単位期間が短くなると限りなく 0 に近づく．一方「貨幣取引者」から「生産者」への転落は，単位期間の取り方に依存せず確実に生起する．したがって (2.28) が成立していないと，貨幣取引者の期待効用は，十分に単位期間の取り方を小さくすると，必ず負になってしまうのである．

　ところで一方，(2.27) の左側の方程式は影響を受けないから，それと (2.28) から，

$$V_c = V_p + u(x) > V_p = V_m \tag{2.29}$$

となる．不等式 (2.29) は，「商品取引者」が「貨幣取引者」になるインセンティブが存在しないことを表しており，確かに原論文の設定では貨幣は流通しないのである．

　議論の要諦は，次のとおりである．すなわち，「商品取引者」は財の保蔵が利くために，早晩最低でも消費から $u(x)$ だけの効用を得て，「生産者」に戻ることができる．しかし，「貨幣取引者」は貨幣が保蔵できない限り，財との交換のチャンスはただ一度しかない．したがって無視できる程度の効用しか保証されないもとで「生産者」に戻らざるをえない．よって明らかに，「商品取引者」の方が「貨幣取引者」より有利な立場にあり，誰も貨幣を持とうとはしないのである．

第3章 非自発的失業の存在証明

3.1 「完全雇用政策」の政治経済学的意義

Carr (1939) は世界が戦争の断崖に立たされているなか,アメリカばかりでなく全体主義の国でも,利潤の稼得という経済的目的とは別の,すなわち,雇用の創出という社会的な目的に沿った大規模な投資がなされていることに,望燭の思いを託している.すなわち,

'In nearly every country (and not at least in the United States), large capital investments have been made in recent years, not for the economic purpose of earning profits, but for the social purpose of creating employment.' (p 218)
「ほとんどの国において(少なくともアメリカに限らず),近年,営利目的ではなく雇用創出という社会的目的のために,大規模な設備投資がなされるようになった.」(筆者訳)

である.いうまでもないことであるが,これは,戦争の元凶である大量失業による社会不安を鎮めるためである.再び Carr (1939) によれば,

'Employment has become more important than profit, social stability than increased consumption, equitable distribution than maximum

production.'（pp. 218-219）
「雇用は利潤より，社会的安定は消費の増加より，そして平等な分配は生産の最大化より，重要な問題となった.」（筆者訳）

である．すなわち大量の「非自発的失業」は，職に就いているものと明日の糧を求め路頭に迷うものとの所得分配を不平等化させ，各国内の社会的緊張を異様なまでに高める．結果として，戦争の勝利によって問題を解決しようという呪わしい悪魔の誘惑に駆られることになるのである．

またワイマル共和国が崩壊し，ナチスのもと全体主義化し戦争への道をひた走ったドイツの動きを規定するきわめて大きな要因として，林（1963）は次のように述べている．すなわち，

「健全な中産階級の存在が国民生活安定の基礎であるということは，古代ポリスから現代大衆社会にいたるあらゆる国家についての真理である．（中略）インフレーションは都市の中産階級を破滅させる働きをした．多年の堅実な生活によって蓄えた貯蓄はゼロに等しいものとなり，その生活程度は労働者と変わらぬものとなった．彼らは久しく社会の中枢として，下層の大衆とは異なる品位ある生活を維持し，またそれを誇りとしてきたが，それを失って社会の最底辺に落ち込んだと考えることは彼らにとって耐え難い苦痛であった．（中略）そこで彼らの間にはこのような激変をもたらした社会を呪い，それに責任があると考えた共和国とヴェルサイユ条約を深く恨む気持ちが根を張ったのである.」

ここでもやはり，（ハイパーインフレーションのもとでの）大量の「非自発的失業」が社会の安定基盤を奥深いところから揺るがしてしまう様が描かれている．

Keynes（1936）も，こうした切迫した事情のもとで書かれた書物であることを，われわれは強く認識すべきである．「非自発的失業者」が巷に

溢れ世界中が緊張に包まれたとき，名目賃金の固定性を先験的に仮定するぐらいのことは，ケインズ理論がもたらす社会的意義から比べ，何ほどのことがあろうか．責めを負うべきは，戦後のアメリカンケインジアンであり，そうした Keynes（1936）の緊急避難的措置を，危機が去っても現代に至るまで放置し改善しようとしなかったことに問題があるのである．

ところで，Keynes（1936）の「敵役」として登場する Pigou（1933）には，以下のような記述がある．すなわち，

'But in a period of depression, when all available vacancies are filled, the fact that these men do not desire employment does not cause them to act otherwise than they would do if they did they desire it; and, since it is impossible to look directly into people's minds, there are, therefore, no means of discovering or enumerating them.'（p. 5）
「しかし空いた職が一つもなくなる不況期には，あまり働く気がない人たちも（失業手当を目当てに）やる気がある風を装わざるをえない．そして人の心の中を覗くことはできないから，そうした仮装失業者を見つけ出し数え上げることはできないのである．」

まさにフリードマン（M. Friedman）やルーカス（R. E. Lucas）に象徴される，新古典派マクロ経済学そのものの主張である．ピグー（A. C. Pigou）は，人の心の中を覗くことはできないと主張しているが果たしてそうであろうか．大量失業による社会的緊張を，彼の理論でどう説明するのだろうか．自らの意思に反して失業せざるをえない大勢の個人が存在しなければ，到底，極度の社会的緊張は説明できるはずがない．ピグーの説が正しいなら（彼もまた結局は「平均的な個人」の心を覗いているのだが），みなが怠けて昼寝がしたくなって大不況が起きているわけであるから，社会的緊張など起こるはずもないではないか．

このように社会的な緊張を解き，人が人として生活できる環境を整えよ

うというのが,完全雇用政策の意義である.もう少し限定すれば,企業が生きるための最低限の賃金である名目留保賃金を十分に上回る名目賃金を支払え,かつ「非自発的失業」に苦しむ人々がいなくなれば,経済はパレートの意味で効率的となるのではなかろうか.

果たしてそんなことは証明可能なのか.本章の目的は,その問いに肯定的に答えることである.

3.2 企業は誰のものか

企業は株主の所有物である.これは,アメリカのグローバリゼーション (globalization) と呼ばれる,特に資本移動の世界的な自由化を目的とした世界戦略のもとで声高に叫ばれている「株主主権」の考え方である.

しかしこれがきわめて偏った考え方であることは,次の基本的事実から明らかである.仮に企業が,物的資本 (physical capital) の提供者である株主の忠実なエイジェントとなっている経営者と雇用者からなる,もっとも単純な構造をしているとしよう.だがこのとき,殊に現代企業において雇用者は,Smith (1776) が想定したような悲惨な単純作業ばかりをしているわけではないことに,留意しなくてはならない[1].

---

[1] Smith (1776) には,分業に携わる労働者について,次のような記述がある.すなわち,
'It is otherwise with the common people. They have little time to spare for education. Their parents can scarce afford to maintain then even in infancy. As soon as they are able to work, they must apply to some trade by which they can earn their substance. That trade too is generally so simple and uniform as to give little excercise to the understanding; while, at the same time, their labour is both so constant and so severe, that it leaves them little leisure and less inclination to apply to, or even to think of any thing else.' (p. 812)
「普通の人々は(教養ある生活とは)無縁である.彼らが教育を受けるために時間を割けるということはまずない.両親は彼らをほんの子供のころからさえ養う力がない.働けるようになるや否や,彼らは自分の食い扶持を稼ぐために,何か仕事をしなくてはならない.そうした仕事のほとんどは,たいそう単純かつ平凡なので,内容を理解するにはとんど手間がいらない.またそれゆえ,彼らが余暇を楽しむ時間はほとんどないし,また他の何かをしたいと思う気持ちも,いやそれ以上にそうしたことを考える余裕すらな

複雑な工程の管理や営業情報の処理，こうしたことには長年の研鑽による習熟を要する．そればかりでなく，これはきわめて重要であるが，それらは決して他の雇用者との密なコミュニケイションなしには，成し遂げられることではない．つまり雇用者も一人前に社内で勤務できるようになるために，人的資本（human capital）を蓄積・拠出しており，単に物的資本に使われているわけではないのである．そして物的資本である工場・設備が分解されては意味がないように，雇用者の保有する人的資本も「相互規定的」（reciprocally prescriptive）であり，雇用者一人一人に帰着させることは不可能である．

また同時に，ある特定の工場・設備がなくとも雇用者は能力を十分に発揮できないし，逆にそうした特定化された雇用者の集団が存在しなくては，工場・設備も十全な働きをしない．したがって，物的・人的資本総体としても，それらは「相互規定的」なのである．

こうした分割不能な物的・人的資本の結合体として企業を捉えるとき，それぞれの生産要素に対する所得分配は市場メカニズムによるわけにはいかない．なぜならば市場メカニズムは，それぞれの資本の所有者が最小単位まで分割でき，かつ互いに「外部性」（externality）を持たないことを前提として機能するからである．

筆者は，Coase（1937）の「取引費用」（transaction cost）の概念は妥当性（relevance）に欠けると考えるが，市場メカニズムでは処理できないことがあるために，企業が存在するという主張には説得力がある．すなわち財の大量生産・販売には，「相互規定的」すなわち分割不能な性質を持つ人的・物的資本の十分な蓄積が必要であり，そのために企業は存在するのである．

こうした分割不能な資本同士の所得分配は，一般に「交渉」（bargain-

いのである．」
　　ただ注意して欲しいのは，筆者がこうした悲惨な階層が現在では存在しない，と主張しているわけではないことである．議論は飽くまで相対的なものである．

ing) によってなされると考えるのが自然である．したがって，資本・労働の完全な分割可能性を前提とした一次同次の新古典派生産関数及び雇用量の短期的可変性のもとでやっと成立する「株主主権」（Tobin の q はこの考え方そのものである）の理論的根拠は，現実的にはきわめて脆弱なのである．

3.3　名目賃金交渉と「非自発的失業」：Keynes-Carr 型モデル

ではこうした「交渉」による所得分配は，経済に何らかの非効率を生み出すのだろうか．現代では労働組合の存在は雇用の阻害要因という「不見識」が罷り通っているが，これは経済学的すなわちパレートの意味で正統な議論なのだろうか．また官庁エコノミストを中心に，名目賃金の下方硬直性が雇用機会を奪っているとの主張が声高に打ち出されているが[2]，仮に硬直性が緩和されれば，現実の労働市場の構造から考えて，本当に雇用は改善できるのだろうか．本節では，これらの問題をできるだけ数式を交えないで議論しよう．厳密なモデル分析は次節に譲る．

まず現実を確認しておこう．すなわち現実の労働市場の構造である．第一に新入社員の名目賃金は，社内の事情つまり労使関係に基づいて決定された賃金体系から弾き出したものを，経営者側により一方的に提示されていることは事実である．次に雇用量の決定は，経営権行使の名のもと，経営者に委ねられている．つまり先に経営者が雇用を決め，そのあとに内部者同士での交渉により名目賃金が決まるという構造になっているのである[3]．

議論の要諦は，この逆は事実と反するということである．すなわちあら

---

[2] たとえば，北浦・原田・坂村・篠原（2003）などがある．これらの議論は統計データ上でもミスリーディングである．消費者物価水準でデフレートした実質賃金は趨勢的に低下している．この問題については，大瀧（2010, 2011）を参照されたい．

[3] 本章の研究は Otaki（2009）に基づいているが，それに当たっては McDonald and Solow（1981）が大変参考になった．しかし彼らの研究は名目賃金・雇用量とも労使交渉によって定まると想定されている．しかしこの設定では，雇用されない個人も納得づくで失業していることになり，非自発的失業の存在を証明するには至らない．

かじめ労使交渉により賃金が決まり，そのもとで経営者が雇用量を決めているわけではない．つまり賃金は内部者になった者に提示されるものであり，誰が内部者になるかわからない時点では，賃金を決めようがないのである．そもそも後者ならば，一体見知らぬ誰と賃金交渉をすれば良いのだろうか．矛盾は明らかである[4]．

このような現実の労働市場の構造を，第2章で用いられた Keynes-Chamberlin 型モデルに接続してみよう．そこでは，「相互規定的」な2つの経済主体によって企業が形成されている．すなわち，他所に存在しない財（差別化された財）の市場を切り開いた経営者とそれに見合った技術を持つ雇用者の集団である．当該財の市場がなければ（経営者がいなければ），雇用者のスキルも台無しであるし，逆に雇用者がいなければ経営者の夢も絵にかいた餅である．したがって，この労使は「相互規定的」な関係にあり，名目賃金決定は内部者同士の「交渉」によって決定されることになる．

そこで名目賃金交渉の対象となる，労使双方によって生み出された「余剰」（surplus）を計算してみよう．簡単化のために雇用者一人が働くことによって差別化された財1単位が生産されると考える．このとき製品価格を p とし，雇用者一人が生きていくために必要な最低賃金[5]，すなわち名目留保賃金を W^R としよう．すると雇用1単位（財1単位）当たりの「余剰」S は，

$$S = p - W^R \tag{3.1}$$

となる．

さてそこで，この S を労使の間で θ と $1-\theta$ の割合で分割することで，賃金交渉が妥結したとしよう．ここで θ は，雇用者の交渉力の強さを表

---
[4] この問題の詳細については，再び章末付録で触れる．
[5] あまり推奨できる考え方ではないが，ここでは余暇の効用とは，生きることに意義を見出せないという意味で「死の効用」に等しいと考えている．

すパラメータである.すると雇用者1人(財1単位)当たりの余剰の取り分は θS であるから,結局,均衡名目賃金 W はこれに最低賃金 W^R を加えたものとなる.したがって,

$$W = \theta S + W^R = \theta p + (1-\theta)W^R > W^R \tag{3.2}$$

である.(3.2)から明らかなように,雇用者の交渉力 θ が高まるにつれて,彼らの余剰の取り分も大きくなり,均衡名目賃金 W も上昇する.

さらに留意すべきは,均衡名目賃金 W は,θ が0でない限り,必ず最低賃金である名目留保賃金 W^R を上回ることである.これで均衡名目賃金の低下により雇用を増やすことができなければ,それはわれわれの意味で「非自発的失業」(involuntary unemployment)が存在することになる.すなわち,

定義 2 「非自発的失業」が存在するということは,次の2つの構成要件を同時に満たすことである.
  1. 均衡名目賃金が名目留保賃金より厳密に高い.すなわち,働こうという意志があるにもかかわらず働けない個人が存在する.
  2. 均衡名目賃金の切り下げによって,雇用量が増加することはない.■

1. は自明であろうが,2. については若干の解説が必要だろう.2. は雇用され「内部者」となった雇用者の集団(たとえば労働組合)の存在が,雇用促進の妨げとなっていないことを要求している.つまり「交渉」により名目賃金が決定されるとしても,それ自身によって失業者が増えることはないという意味である.

実は,われわれの想定する現実的な労働市場の設定のもとで発生する失業は,構成要件1. ばかりでなく,2. も同時に満たすことを示すのが可能である.そのために,労働市場をゲーム理論を用いて,より形式的に表現しなおそう.

定義3 すなわち労働市場の構造は，次の二段階ゲームによって記述される．

1. 第一段階：企業家が利潤が最大となるように，雇用量を決定する．ただしこの際は，第二段階で決定される均衡名目賃金を織り込んで意思決定する．
2. 第二段階：雇用が確定した個人と企業家が，(3.2) のルールで交渉により名目賃金を決定する．

というゲームである．■

第二段階については記述済みだから，それを利用して第一段階の問題を考えよう．すると企業の名目利潤 Π は，(3.2) を利用して，

$$\Pi \equiv [p - W]L = \left[p - [\theta p + (1-\theta)W^R]\right]L = [1-\theta]\left[p - W^R\right]L \tag{3.3}$$

である．ここで $1-\theta$ は外生的に与えられたパラメータ（定数）であるから，結局 (3.3) は，名目賃金が (3.2) のもとで決まる W であるときの利潤最大化問題が，名目賃金が最低賃金である W^R のもとでの最大化問題 (2.11) と等価になることを主張しているのである．このため均衡名目賃金の高低と雇用水準は無関係となる．

このメカニズムを解説しよう．すなわち，賃金交渉の性質から労使合計の総余剰 $S \cdot L$ のうち $1-\theta$ 分だけが，企業の利潤と等しくなる．したがってたとえ雇用量の決定が企業家の経営権に委ねられているとしても，このような労働市場の構造のもとでは，利潤最大化が労使の共同利益最大化と等しくなるのである．このような労使双方にとって望ましい協調解を生み出す「交渉」を「効率的交渉」(efficient bargaining) と呼んでいる．ところで名目賃金の決定は，総余剰の分け前を決めるだけであるから，総余剰の大きさとは無関係である．したがって均衡名目賃金の高低は雇用に対して影響を与えないのである．

さて，名目賃金が最低賃金である名目留保賃金に等しい場合の分析は，第2章で済まされている．そしてこの際に起きる失業が，偏に有効需要の不足を因としていることは，既述のとおりである．したがって以上を総合すると，

定理8 有効需要の不足によって発生する失業は，定義2の「非自発的失業」の定義および定義3の労働市場の構造を前提とするKeynes-Carr型モデルのもとでは，すべて非自発的である．■

さらに(3.3)から，均衡名目賃金の高低が失業率に影響を与えないことから（企業の最適化条件が均衡概念の入れ替えに対して不変であるから），第2章の定理5が応用できて，

定理9 Keynes-Carr型モデルにおいて，不完全雇用均衡下では，拡張的財政・金融政策は，「非自発的失業」を解消させる．そしてそれは，パレートの意味で経済厚生を改善する．■

という主張が成立する．

　定理9は，Keynes-Carrによる「完全雇用政策」のミクロ的な基礎付けと解釈できる．ここでもわれわれのKeynes-Carr型モデルは，貨幣の存在を通じて．ミクロ経済学と「相互規定的」になっており，ニューケインジアンらのミクロ・マクロの二分法からは，随分と進んだ理論になっていると，筆者は思慮する．

3.4　モデル分析

　この節では数理モデルを構築し，定理8, 9を証明する．企業・家計の生産関数・効用関数およびモデルの構造は，労働市場を除いて，第2章

の Keynes-Chamberlin 型モデルと同様である．したがって証明すべきは，均衡名目賃金 (3.2) が導出されるミクロ的基礎付けと，前節で述べたように，労働市場の均衡概念の入れ替えが均衡雇用量に影響を与えないことである．

まず (3.2) のミクロ的基礎について解説する．ここでは交渉解の概念として，「非対称ナッシュ交渉解」(asymmetrice Nash bargaining solution) を考える．交渉決裂時の効用である「威嚇点」は，労使双方が「相互規定的」であると考えていることから，企業は利潤 0 雇用が確定した雇用者は留保賃金 W_t^R となる[6]．このときに一般化ナッシュ積（generalized Nash product）GP は，

$$GP(W_t) \equiv \left[W_t - W_t^R\right]^\theta [[p_t(L_t) - W_t]L_t]^{1-\theta} \quad (3.4)$$

であるが，想定されているゲームの第一段階で雇用量 L_t は確定しているから，$p(L_t)$ とともに定数として扱うことができる．したがって (3.4) は，

$$GP(W_t) \propto \left[W_t - W_t^R\right]^\theta [p_t - W_t]^{1-\theta} \quad (3.5)$$

と書けることになる．(3.5) を名目賃金 W_t に関して最大化すると，(3.2) が得られる．

繰り返しになるが，(3.2) のもとで，企業の利潤は (3.3) となることがわかるから，企業の最大化問題は本章の Keynes-Carr 型モデルように労働市場の均衡を一般化しても，第 2 章の Keynes-Chamberlin 型モデルのそれと変わることはない．また個人の最大化問題も同一であるから，実質貨幣残高 m を与えたもとでは，達成される雇用・実質 GDP は同一となる．

したがって定理 8 は証明された．一方非自発的失業の減少は，定義そのものによって，経済厚生を高めることは明らかである．これが定理 9

---

[6] 雇用者の間接効用関数が所得に関して線形となっていることに留意されたい．

の内容である．

章末付録　労働組合性悪説（口入屋理論）

ここでは，雇用が未確定の時点で労働者が売り手独占的に (monopsonic)，実質賃金を決定し，その賃金のもとで企業が利潤が最大化を図るという構造を持つ労働市場の理論モデルを構築し，その妥当性を考察する．

まず前節と同様に，労働者の目的関数 $U(w, L)$ を，

$$U(w, L) \equiv [w - w^R]L \tag{3.6}$$

としよう．ここで w は実質賃金，w^R は実質留保賃金である．また簡単化のために，財市場は完全競争的で労働の限界生産力は逓減するものとしよう．すなわち企業の最大化問題は，

$$\max_L [f(L) - wL] \quad \Rightarrow \quad f'(L) = w \tag{3.7}$$

となる．

この「労働組合」はきわめて強力で，(3.7) の関係を通じて企業の雇用量・生産量コントロールすることができるのである．したがって彼らの最適化問題は (3.7) の制約のもとで，(3.6) を最大化することである．そこで (3.7) を (3.6) に代入して w に関して最大化すると，

$$\max_w \left[[w - w^R]L(w) \right] \quad \Rightarrow \quad w^* = w^R - \frac{L}{L'} > w^R \tag{3.8}$$

である．したがって「労働組合」の売り手独占的な行動により，均衡実質賃金 w^* は実質留保賃金 w^R を上回る一方，労働市場が完全競争的な場合（均衡実質賃金が実質留保賃金に等しく決まる場合）に比べて，雇用を過少にする．この意味で，ここで想定されている労働市場の構造のもとでは，「労働組合」は雇用の阻害要因となる．これがまさに新古典派マクロ経済学の「労働組合」観である．

しかし形式論理はともかく，現実に戻って考えよう．まずここで想定される「企業」・「労働組合」には，一体どんな性質が付帯しているのだろう．まずもって，この「企業」は誰を雇うか決める前に，言い値で人を雇わねばならない．そもそも「社員」あるいは「内部者」でもない見知らぬ者の言い値をそのまま受け入れる，そんな経営者がどこにいるだろうか．賃金は「企業内」で要求とされるある一定の資質を満たすものに支払われるべきものであって，海の者とも山の者ともつかぬ候補者を審査もせずに，彼・彼女のいいなりの給料を出すというのは，あまりに現実離れしている．

言い換えれば，企業という組織ができあがって初めて，そこからの報酬・分配として賃金が支払われるのであって，賃金の支払いを決めてから，組織を作るという想定は明らかに成功しない企業の発想である．実際に組織ができあがってから，思わぬ不都合が発生することこそが，日常だからである．

また現実の労働組合，特に企業別組合は，当事者がともに「相互規定的」な資本の拠出者であるのがもっぱらだから，賃金交渉に当たっては互いの言い分を聴きながら，「交渉」によってこれを定めるのである．したがって企業という組織の実体 (substance) を認めるなら，雇用者側が一方的に賃金を決めることなど，現実にはありえないのである．

よって，このような新古典派マクロ経済学の労働組合観は，現実から考えて到底受け入れ難いのである．ではこの理論が当てはまる経済現象はあるのだろうか．実は存在するのである．「口入屋」である．すなわち「口入屋」は人を企業に紹介することで，企業が実質的に負担する賃金費用と派遣者の賃金の差額を懐に入れることで成立する商売である．

すなわち彼・彼女らにとっては，賃金の総支払額を最大とするように，派遣条件である賃金・派遣人数を決めて，交渉力のない企業に人材を派遣することが最適である．そしてこれは明らかに，「相互規定的」な関係にある者同士が作る労働組合とは，全く性質の異なるものである．

第 4 章 フィリップス曲線再考

4.1 フィリップス曲線は市場の不完全性を表すものか

この章では，これまで一定としてきた労働の生産性を，内生的成長理論（endogenous growth theory）のテクニックを用いて時間可変的（time varing）なものとし，右下がりの長期フィリップス曲線すなわち，失業率とインフレ率の定常的な負の相関を導出する．つまり Friedman (1968) で提起された長期の垂直なフィリップス曲線に対するケインズ経済学からのアンチテーゼ（anti-thesis）を提起する[1]．

さて一般に，フィリップス曲線は調整の遅れなどの市場の不完全性によって生ずると考えられてきた．たとえばマネタリストの立場から，Lucas (1972) は本来無意味（irrelevant）なショックである貨幣供給量の変化の一部が，情報の不完全性により労働の生産性の変化と取り違えられ，価格と労働時間の間に正の相関関係が観察されると主張する．

一方ニューケインジアンの文脈では，Calvo (1983), Woodford (1996, 2003) および Galí (2008) のように価格改定の機会が確率的にしか訪れないという制約のもと，インフレ率と GDP ギャップの間に正の相関が生ずることを示している．また Mankiw and Reis (2002) は，価格改定に必要な情報が手に入るまで，一定の遅れがあるという想定の下で，右下が

---

[1] この章は Otaki and Tamai (2011) を再解釈して書かれている．改めて共著者の玉井義浩神奈川大学准教授に感謝する．

りのフィリップス曲線を導出している．第6章でも触れるが，これらのニューケインジアンの考え方は，価格調整の遅れによって一時的に貨幣が非中立的になるという点では，Blanchard and Kiyotaki（1987）以来のメニューコストの理論と本質的に差がない．

これらの先行研究を，価格調整あるいは情報の取得に不完全性があるという意味で，以下では「不完全市場」におけるフィリップス曲線と呼ぶことにする．市場が「不完全」であって初めて右下がりのフィリップス曲線が導出されるということには，次の意味がある．すなわち想定されている「不完全性」が解消されるとフィリップス曲線は，Friedman（1968）が示唆したように失業率・インフレ率平面において垂直となり，両者のトレード・オフ関係は解消されてしまうのである．

事実 Lucas（1972）は，Theorem 2で，このことを示している．また上述のニューケインジアンとフリードマンの**短期**フィリップス曲線についての議論も，価格調整に遅れがあるか（ニューケインジアン）インフレ期待の調整に遅れがあるかだけの違いであり，すべての調整がなされた定常状態（長期均衡）では，フィリップス曲線は垂直となり，貨幣の中立的も成立する．ニューケインジアンのモデルで，外生的確率攪乱が重視されるのはこのゆえであって，この項の存在が常に長期均衡から離れる力を先験的に与えているのである．

この章の目的は，価格改定に関する先験的制約および情報の不完全性が存在しないという意味の「完全市場」において，失業率とインフレ率の負の相関が観察されること，すなわち長期のフィリップス曲線が右下がりでありうることを提示することにある．このような作業によって，原論文 Phillips（1958）が扱ったように長期の安定的な相関関係として，フィリップス曲線を解釈できるようになる．さらにこのことをもって，本書の主題である「ケインズ経済学とミクロ経済学の幸せな結婚」をより絆の強いものとできよう．

4.2 労働の学習効果について

この章では，世代を跨いだ労働の学習効果（技術の継承）が，本質的な役割を果たす．そこでこの考え方について，解説を加えておこう．通常，フィリップス曲線は貨幣的攪乱との関連で議論されることが多い．しかし，Hayashi and Prescott（2002）によれば，1990年代の日本経済では全要素生産性（TFP）と総労働時間が顕著に低下している．しかしこの時期は，徹底した金融緩和政策にもかかわらずディスインフレーションが進んだ時期にも当たる．

これは以下の意味で，通常の静学モデルでは一種のパズルである．すなわち，収穫逓減の生産関数を

$$y = Af(L)$$

としよう．A が TFP である．するとこれに対応する費用関数 g は，

$$y = W\chi\left(\frac{y}{A}\right), \quad \chi' > 0, \quad \chi'' > 0$$

である．ここで W は名目賃金である．以下の設定で名目利潤とその最大化条件は，

$$py - W\chi\left(\frac{y}{A}\right), \quad p = \frac{W}{A}\chi'\left(\frac{y^*}{A}\right) \tag{4.1}$$

となる．

(4.1) の右辺は，明らかに TFP A の減少関数である．したがって有効需要水準が一定に保たれていれば（金融が緩和状態であったのだから，この仮定は自然である），物価水準は A の低下によって上昇するはずである．これは先ほどの現実と適合しない．このように素朴な静学モデルでは，Hayashi and Prescott（2002）の実証結果を矛盾なく解釈できないのである．つまり静学モデルにおける物価水準の比較静学と動学モデルでの均衡

インフレーションの分析は，本質的に異なったものなのである．

ところでかりに，均衡名目賃金（名目留保賃金）が労働生産性を反映して決まるものなら，労働生産性（われわれの生産関数ではTFPのそのものだが）の自律的低下は名目賃金を通じて，製品価格の低下を招く．したがってこのような賃金コストの低下が将来も続くと予想されるなら，低生産性の下でのディスインフレーションが観察されるはずである．またそれゆえ，個人は名目賃金の切り下げに合意するのである[2]．

さてでは，労働の生産性は何によって変化するのだろう．ここでは，親の世代から子の世代への社会的な技術移転によって生ずると考えよう．そして親の世代の就業率が高いほど，子どもたちの生産性は高くなるとしよう．つまり就業には無形の技術が必要とされ，その持ち手が多いほど，技術の継承は容易になると考えるのである．こうした現象をより現実に近付けて解釈すると，次のようになろう．

すなわち働くということは，必ずしも不効用ばかりをもたらすものではない．職に就くことによって自ずと生ずる規律，技術の習得，そして達成感もまた無視できるものではない．社会全体でこうした経験・能力を持つ人が多いほど，次世代のスキルも高まると考えることには，それほど無理があるまい[3]．

さて以上の説話的（narrative）な分析をまとめよう．雇用水準が一定値に収斂する定常状態では，低雇用であれば労働生産性も低い．そして労働

---

[2] Lucas (1972) でも，これとほぼ同一な異時点間代替（intertemporal substitution）のメカニズムが採用されている．

[3] Carr (1961, p.108) は社会の進歩の条件として，ある世代が獲得したスキルが他の世代にいかに伝達されるかが重要であると主張している．すなわち，

'The transmission of acquired characteristics, which is rejected by biologists, is very foundation of social progress. History is progress through the transmission of acquired skills from one generation to another.'

「生物学者は否定するが，後天的に形成された人格こそまさに，社会の進歩を根本から規定する要因である．歴史はある世代が得たスキルを後の世代へ伝えることで進歩するのである．」（筆者訳）

生産性の低下は名目賃金の切り下げを通じて経済をディスインフレーションの状態へ導く．したがって

高失業率（低雇用）⇒ 労働生産性の低下
⇒ 低賃金 ⇔ 低インフレ率

という因果関係が，価格改定に関する制約なしに，合理的期待仮説のもとで成立する．これがわれわれの解釈による右下がりの「長期フィリップス曲線」である．

4.3 モデルの設定

4.3.1 モデルの構造

モデルの構造は，第 2 章の Keyens-Chamberlin 型のモデルとほぼ同一である．標準的な 2 期間 OLG モデルを考える．それぞれ $[0,1]$ だけの個人を雇える企業が，$[0,1]$ だけ存在するものとする．個人は自らの意思に応じて，若年時に働くか否かを決断する．それぞれの企業は，差別化された財を独占的に供給する．またその独占利潤は，簡単化のため各個人に平等に分配されるものとする．

価値保蔵手段としては，不換紙幣のみを考える．政府は貨幣発行益 (seigniorage) により，財政支出を賄うものとする．なおこれも簡単化のため，政府が購入した財は個人の効用に何ら影響を及ぼさないと考える．

4.3.2 個人

各々個人は，次の効用関数を予算制約化で最大化するものとする．すなわち，

$$U = u(c_t^1, c_{t+1}^2) - \delta_t \cdot \alpha, \quad c_j^i \equiv \left[\int_0^1 c_j^i(z)^{1-\eta^{-1}} dz\right]^{\frac{1}{1-\eta^{-1}}} \quad (4.2)$$

ここで $c_j^i(z)$ は，第 z 財の j 時点で人生の第 i ステージでの消費量である．α は，労働の不効用である．δ_t は一種の定義関数で，就労時に 1，失業時に 0 をとる関数である．なおここでは消費に関する効用関数 $u(\cdot)$ は一次同次関数であるものとする．

以上の仮定のもとで u の間接効用関数 H は，

$$H(P_t, P_{t+1}, \delta_t W_t + \Pi_t) = \frac{[\delta_t W_t + \Pi_t]}{h(p_t, p_{t+1})}, \quad p_t \equiv \left[\int_0^1 p_t(z)^{1-\eta} dz\right]^{\frac{1}{1-\eta}}, \tag{4.3}$$

として表現される．ここで W_t は名目賃金，Π_t は集計化された名目独占利潤を表している．さらにわれわれは，関数 h もまた一次同次関数であることに留意すべきである．

(4.3) を用いると，名目留保賃金 W_t^R が，以下のように容易に求められる．すなわち，

$$W_t^R = \alpha \cdot h(p_t, p_{t+1}). \tag{4.4}$$

である．われわれの主たる関心は，必ず誰かが失業している「不完全雇用均衡」(imperfect employment equilibrium) にあるが，このような状態で個人が全く交渉力を持たなければ，均衡名目賃金は名目留保賃金 W_t^R と等しくなる．したがって以下では，この両者を同一視する[4]．

さらに u の一次同次性から，次のような集計化された若年世代の消費関数 c_t^1 を容易に求めることができる．すなわち，

---

[4]　個人が交渉力を持てば，均衡名目賃金が留保賃金を上回る可能性を排除できない．しかしそのような労使交渉が，McDonald and Solow (1981) の意味で「効率的」であるなら，ここでの議論は何ら本質的な影響を受けない．Otaki (2009) および第 3 章の分析を参照されたい．

$$C_t^1 \equiv c(\rho_t)\left[\frac{W_t^R L_t}{p_t} + \frac{\Pi_t}{p_t}\right] \equiv c(\rho_t)\frac{Y_t}{p_t}, \tag{4.5}$$

である．ρ_t は，$\rho_t \equiv \dfrac{p_{t+1}}{p_t}$ で，(粗) インフレ率を表し，L_t は集計化された雇用水準である．

4.3.3 企業

(4.2) から明らかなように，各企業は次のような同一の需要曲線 $D_t(z)$ に直面する．すなわち，

$$D_t(z) = \left(\frac{p_t(z)}{p_t}\right)^{-\eta}\left[\frac{W_t^R L_t}{p_t} + \frac{\Pi_t}{p_t}\right], \tag{4.6}$$

である．ここで L_t は集計化された雇用水準である．さてさらに，企業 z の保有する生産関数 $y_t^s(z)$ を次のように特定化しよう．すなわち

$$y_t^s(z) = \gamma(L_{t-1})L_t(z), \quad \gamma' > 0. \tag{4.7}$$

である．$\gamma(\cdot)$ は労働生産性を表す関数であって，われわれの分析の鍵を握る存在である．先にも述べたように，(4.7) は労働生産性の上昇に顕著な社会的学習効果が存在することを意味している．すなわち，前世代の雇用水準が高く，働くために必要とされる技術・規範等を持ち合わせている個人が多いほど，若者への技術伝承が容易となり，彼らの労働生産性の上昇に寄与しうると考えるわけである．これは Arrow (1962) で導入された，*learning by doing* の OLG 版であると解釈することもできる．

さて利潤最大化の条件から，次のような最適プライシングルールが導き出される．すなわち，

$$p_t(z) = \frac{W_t^R}{[1-\eta^{-1}]\gamma(L_{t-1})} = \frac{\alpha \cdot h(p_t, p_{t+1})}{[1-\eta^{-1}]\gamma(L_{t-1})}. \tag{4.8}$$

である．(4.8) を z について集計化すると，モデルの運行を決定的に規定する次の重要な差分方程式が得られる．

$$p_t = \frac{\alpha \cdot h(p_t, p_{t+1})}{[1-\eta^{-1}]\gamma(L_{t-1})} \qquad (4.9)$$

である．h が一次同次であることから，両辺を p_t で除すことによって (4.9) は，名目貨幣残高から独立に，均衡インフレ率 ρ_t を決定する式となる．すなわち，

$$\alpha \cdot h(1, \rho_t) = [1-\eta^{-1}]\gamma(L_{t-1}) \qquad (4.10)$$

である．

　(4.10) から明らかなように，労働生産性（集計化された雇用量）とインフレ率の間には正の因果関係があることがわかる．すなわち (4.10) から時間の先行・遅行関係を取り除いたものが，われわれの定義するところの「長期フィリップス曲線」なのである．ではなぜ，このような理論的関係が現れるのだろうか．少し詳しく論じておこう．

　まず労働生産性の改善は，(4.8) から明らかなように，今期の名目留保賃金 $\alpha \cdot h(\cdot)$ に上昇圧力をもたらす．さらに将来世代もまた，今期の労働生産性上昇分 $d\gamma$ を名目賃金の上昇に織り込んでいたとしよう．すると現在の物価 p_t が一定であっても，(4.10) から明らかなように，将来は生産性の改善を伴わないから将来物価 p_{t+1} が上昇する．逆に将来物価水準の上昇は，もともと以上のような名目賃金の上昇によるものであるから，個人のインフレ期待は自己実現的で，矛盾をきたすことはない．すなわち

　　労働生産性の上昇　⇒　名目賃金の上昇　⇔　インフレ率の上昇

という現実的な因果関係が，理論の中に埋め込まれているのである．

　なお (4.10) を対数的に (logarithmically) 微分して，ロワ (Roy) の恒等式を用いると，

$$(1-c)\frac{d\rho}{\rho} = \frac{L\gamma'}{\gamma}\frac{dL}{L} \equiv \nu\frac{dL}{L}, \quad 0 < c < 1 \qquad (4.11)$$

ここで ν は労働生産性の雇用量に対する弾力性である．(4.11) の右辺は

雇用量が1パーセント上昇したときに労働生産性が何パーセント上昇するかを表しており，これが現在財で測った実質賃金の増加分である．一方，左辺は上述のメカニズムによりインフレが昂進したとき，現在財で測った将来消費がどれほど減るかを表している．そしてこの両者が等しくなり，生産性の上昇が個人にとって得にも損にもならない水準に，インフレ率・名目留保賃金が決定されるのである．

4.3.4 政府

このモデルにおいて政府の果たす役割は，きわめて単純である．貨幣を $M_t - M_{t-1}$ だけ新規発行することによって，浪費的な政府支出 G_t をファイナンスすることである．均衡の発散を防ぐために，政府支出は，実質貨幣残高 $m \equiv \dfrac{M_t}{P_t}$ が時間を通じて一定となるように制御されるものとする．したがって政府の予算制約式は，

$$g \equiv \frac{G_{t+j}}{P_{t+j}} = \frac{M_{t+j} - M_{t+j-1}}{P_{t+j}} = m - \frac{m}{\rho} \tag{4.12}$$

という具合に記述される．

4.4 市場均衡

4.4.1 総需要関数

われわれの関心は，もっぱら失業が存在する「定常不完全雇用均衡」にあるから，労働市場は，$W_t = W_t^R$ と $L_t - L_{t-1}$ であるところが均衡である．定常実質有効需要 y は，次式で定義される．すなわち，

$$y = c(\rho)y + g + \frac{m}{\rho} = c(\rho)y + m, \quad y \equiv \frac{Y}{P} \tag{4.13}$$

である．(4.13) の右辺第3項は老年世代の財の需要である．これは，Otaki (2007, 2009) で展開された「動学的に拡張された乗数過程」に他ならない．実際 (4.13) を解いてみると，

$$y = \frac{m}{1 - c(\rho(L))} \tag{4.14}$$

である.(4.14) がわれわれのモデルにおける総需要関数 (the aggregate demand function) である.容易にわかるように,インフレ率が変化しなければ,拡張的な財政・金融政策は,限界貯蓄性向の逆数倍だけの有効需要を喚起する.

4.4.2 総供給関数:長期フィリップス曲線

総供給関数と長期フィリップス曲線は,横軸を雇用量にとるか失業率にとるかだけの違いであって,実質的に同じ関数である.すでに4.3.3項の(4.10)あるいは(4.11)で,陰伏的にではあるが,これらの関数は定義済みである.したがって総供給関数あるいは長期フィリップス曲線は,図4-1のAS曲線のように描くことができる.

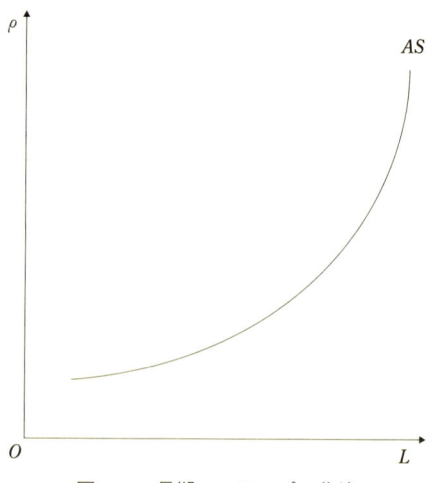

図 4-1 長期フィリップス曲線

図 4-2 市場均衡

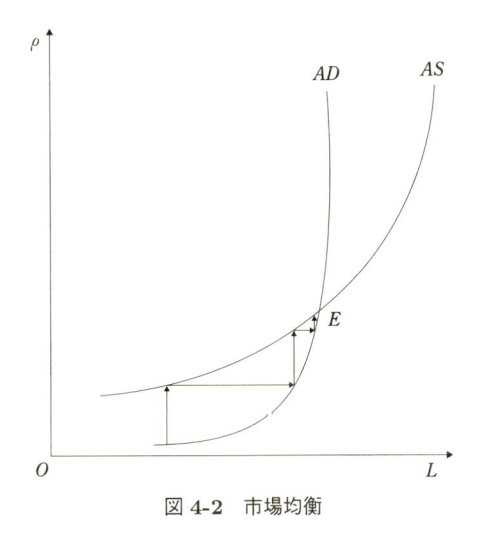

4.4.3 市場均衡

財市場の定常均衡は，連立方程式 (4.10) と (4.14) の解として表現される．この様子が図 4-2 に描かれて入る．総需要関数 AD の (L, ρ) 平面における傾きは，必ずしも明らかではない．しかし定常均衡 E が安定的であるための一つの十分条件は，図のように AD 曲線が AS 曲線を下から切る場合である．このことは消費の異時点間代替率が 1 前後であることに対応する．実証分析の結果から考えても[5]，これはそれはど限定的な仮定とは思われない．そこで定常状態 E は図 4-2 のような意味で安定的であると想定する．

財政金融政策のあり方は，AD 曲線 (4.14) の位置にのみ影響を与える．拡張的な財政・金融政策は乗数効果を通じて AD 曲線を右側にシフトさせる．さらに労働生産性の上昇に付随するインフレーションが消費を刺激し，一層強い効果を持つ．このように拡張的・財政金融政策は，定常状態における実質 GDP y をインフレ率 ρ を上昇させるのである．

---

[5] たとえば，Hansen and Singleton (1983) や Campbell and Mankiw (1989) を参照されたい．

4.5 財政・金融政策の経済厚生的意義

この節では，財政・金融政策の経済厚生上の問題を扱う．「不完全雇用均衡」では，均衡名目賃金は名目留保賃金に等しく決まっている，雇用が増えることそれ自体によって余剰が発生することはない．したがって第2章と同様に，独占利潤の高低がとインフレ率の動向が経済厚生を左右することになる．すると間接効用関数 (4.3) の性質から明らかなように，社会的厚生 SW は次のように定義される．すなわち，

$$SW(L) \equiv \frac{\Pi_t}{h(p_t, p_{t+1})} = \frac{\alpha \eta^{-1} h(\cdot)}{[1-\eta^{-1}]h(\cdot)} L = \frac{\alpha \eta^{-1}}{1-\eta^{-1}} L \qquad (4.15)$$

まず留意すべきは，(4.15) には直接に価格体系に関係する「物価指数」$h(\cdot)$ が含まれないことである．つまり名目利潤 Π_t も $h(\cdot)$ を基準に定まる名目留保賃金 W_t^R に比例して決まることから，実質（効用）ベースに引き直すために「物価水準」$h(\cdot)$ で除すると，インフレの影響は互いに相殺してしまうのである．したがって，インフレ率が効用に直接影響を与えることはないのである．つまり通常いわれるフィリップス曲線上の失業とインフレのトレード・オフは，われわれの理論では存在しない．

そのうえで，拡張的な財政・金融政策の効果を調べよう．すると図 4-2 から明らかなように，そのような政策は総需要曲線 AD を右方へシフトさせ，実質 GDP y を増加させる．このとき，雇用水準 L も上昇することから，(4.15) から明らかなように社会的厚生は必ず上昇するのである．

4.6 おわりに

この章を閉じるにあたって，これまで議論してきたことを定理の形でまとめよう．

定理 10　この章の世代間学習効果を含むモデルにおいて，右下がりの長期フィリップス曲線は，雇用水準の低下が労働の生産性を低下させ，名目留保賃金に下方圧力を発生されることによって生ずる．■

定理 11　この章の世代間学習効果を含むモデルにおいて，インフレは実物的現象でも貨幣的現象でもある．すなわち，拡張的な金融政策は，まずは乗数効果を通じて，実質 GDP を上昇させる．これに伴い学習効果に基づき労働生産性が上昇するため，インフレが昂進する．したがって，インフレは貨幣的かつ実物的現象である．■

定理 12　第 1 章から第 3 章までと同じく，インフレ率を可変的とした本章の理論でも，拡張的財政・金融政策は資源配分を必ずパレート改善する．その意味で，この章の理論にはインフレと失業のトレード・オフは存在しない．■

第 II 部

ケインズ理論の哲学的背景

第5章　同時代人としてのケインズ

5.1　道徳科学としての経済学：ケインズとロビンスを中心に

　経済学とは何を目的とした学問だろうか．日本語の「経済学」は「経世済民の学」を略したものである．すなわち「世を治め，民を苦しみから救う」(岩波国語辞典第六版) ための学問であると，いうのが日本での考え方である．

　経済学発祥の地イギリスにおいてさえ，マーシャル (Alfred Marshall) によって economics として独立した試験科目 (Tripos) が創設される以前は，「道徳科学」(moral science) の一部であった．「道徳科学」とは「政治哲学」なども含み，人間の性向自身に対する観察，それに沿った形での社会の在り方をさまざまな視点から問う学問である．すなわち経済学は，生まれついて「政治経済学」(political economics) なのである．

　したがって社会の在り方に関心がない経済学者というのは，実は定義矛盾である．ケインズ自身も，1938年7月4日のハロッド宛の書簡でこう語っている[1]．すなわち，

'Good economist are scarce because the gift for using 'vigilant observation' to choose good models, although it does not require a highly

---

[1] Keynes (1973, p.297) を参照．

specialized intellectual technique, appears to be a very rare one. In the second place, as against Robbins, economics is essentially a moral science and not a natural science. That is to say, it employs introspection and judgment of value.'

「すぐれた経済学者はごく限られた存在である．それは「注意深い観察」に基づいて現実に適応したよいモデルを選び取る才能（この才能は決して高度に専門的な知的技術がいるものではないが）の持ち主がきわめてまれだからである．第二に，余はロビンスの立場には反対である．経済学は本質的に「道徳科学」の一つであり，自然科学とは一線を画すものであるからである．すなわち，経済学には自己省察と価値判断が必要だからである．」（筆者訳）

である．

第1章でも議論したように，現在ではSonnenschein (1973) らの仕事によって，モデルを現実に合わせた形で特定化しないと，経済学的に意味のある結論が導出できないことが知られている．数理モデルの特定化とは，自己省察と価値判断の抽象化であるから，上でのケインズの議論は，すでに40年先を見越していたといえよう．

こうしたケインズの卓見を，同時代の経済学者たちはどう捉えていたのだろうか．Robbins (1932, pp. 23-24) から引用してみよう．すなわち[2]，

'Economics, we have seen, is concerned with that aspect of behavior which arises from the scarcity of means to achieve given ends. It follows that Economics is entirely neutral between ends; that, in so far as the achievement of *any* kind end is dependent on scarce means, it is germane to the preoccupations of the Economist. Economics is

---

[2] 読者はEconomistとeconomistおよびEconomicsとeconomics, economicと"economic"が使い分けられていることに留意されたい．

not concerned with ends as such. It assumes that human beings have ends in the sense that they have tendencies to conduct which can be defined and understood, and it asks how their progress towards their objectives is conditioned by the scarcity of means—how the disposal of the scarce means is contingent on these ultimate valuations.

It should be clear, therefore, that to speak of any end as being itself "economic" is entirely misleading. The habit, prevalent among certain groups of economists, of discussing "economic satisfactions" is alien to the central intention of economic analysis. A satisfaction is to be conceived as an end-product of activity. It is not itself part of that activity which we study.'

「これまで見てきたように，「正統な」経済学は与えられた目的を達成するための代替手段が希少であることから起きる人間行動の一側面を扱う学問である．したがって「正統な」経済学は経済活動の目的が何であるかからは完全に中立である．それゆえ，目的達成の手段が限定されている限り，目的が何であれ，それは「正統な」経済学者の守備範囲となる．このように「正統な」経済学は経済活動の目的には関与しない．そこでは，人間は定義可能で他からも理解できるものに向かって行動するという意味で目的を持っていると考え，目的達成のために手段の希少性がどのような制約となるかを分析するのである．すなわち，希少な代替手段の選択が究極の評価にいかに関わっているかを考えるのである．

したがって，目的自身を語ることを経済学的と考えることは，「正統な」経済学の立場からすれば，全くの誤りであることは自明の理である．最近「俗流」経済学者のいくつかのグループでは「経済的な充足度」が専ら議論されているが，これは「正統な」経済分析の真意とは無縁のものである．「充足感」は経済行動の帰結の一つであると考えられるべきである．したがって，それ自身はわれわれが研究すべき課題ではない．」（筆者訳）

である.

　晦渋な文章だが，要旨はきわめて単純である．すなわち経済学では，予算制約下（mean: 手段）の効用最大化（end: 目的）や所与の生産量（end）を達成するための費用最小化（mean）などの問題を扱うことに専念すべきであって，それらの相互作用が働く市場の効率性などは問うべきではないというのが，Robbinsの主張である[3]．

　確かに効用の可測性・比較可能性に関する前提（いわゆる基数的効用）に関する彼の批判には聴くべきものがある．しかしながらこの問題はHicks（1939）などの序数的効用を前提とする功利主義によって，あっさりと乗り越えられてしまった．

　このように価値判断から逃避し，各主体の行動を数学的により一般的な形で描写しようとするのが経済学であるとするなら，筆者の認識では，それはもはや経済学ではなく単に工学の片隅の一分野にしか過ぎない．ここには未曾有の不況に苦しむ市民の心の欠片すらない．McLure（2006）によれば，社会経済を評価するためのパレート原理が初めて提示されたのが，Pareto（1913）であるから，Robbins（1932）の考え方は，進歩というよりも大幅な退歩といった表現が適切であろう．

　こうした価値相対主義の確立を目指した経済学の退嬰は，恐慌とドイツの全体主義化・ロシアにおける社会主義政権の成立によるヨーロッパの危機に正対することなく逃亡しようとする，社会科学者としてのある種の自殺行為と，筆者の目には映る．

　やはり経済学は，「道徳科学」なのである．

---

[3]　Robbins（1932, p. 128）によれば，
　　'There is nothing in the corpus of economic analysis which in itself affords any justification for regarding these ends as good or bad. Economic analysis can simply point out the implications as regards the disposal of means of production of the various patterns of ends which may be chosen.'
　　「経済学は総体として，目的の善悪を判断するようには出来上がっていない．経済分析は単に，選ばれたさまざまな目的のために生産手段をどうしたらよいかを提示するだけである．」（筆者訳）

5.2 人間としての労働者:ケインズとピグーを中心に

Pigou (1933) は言い訳 (excuse) の多いこれまた晦渋な書物である. しかし主張はきわめて明瞭である. 第一次大戦, 特に大恐慌後の高失業率には, 労働組合あるいは国家が提供する失業保険が主たる要因となっている, という主張である.

つまり第3章で見たように,「口入屋型」のモデルでは, 労働組合は労働について売り手独占 (monopsony) の地位にあり, 賃金基金 (実質賃金 × 雇用量) を最大にするように行動する. そして提示された実質賃金をもとに企業は利潤を最大化する. すなわち労働の限界生産力と提示された実質賃金が等しくなるように雇用水準を決定する. この結果独占力がない場合に比べ実質賃金は高止まりし, その対価として雇用は減少するのである. 労働組合ではなく政府が失業保険を給付したり最低賃金を人為的に定めようとしても, これと類似のことが起きると, Pigou (1933) は主張する.

たとえば婉曲な表現だが, Part I Ch. VI § 2 には,

'Thus, if, in an industry where the method of engaging labour is of the casual type, the wage-rate is held artificially high and also some physical barrier hinders workpeople from entering the industry from outside, to remove the barrier, while leaving the artificial rate, would add nothing to employment there and might draw people to unemployment there away from employment elsewhere.'

「このように, もし問題となっている産業が現在の典型的な雇用形態を採っているとするなら, 賃金率は人為的に高い水準に保たれることになる. そしてまた, ある物理的障害が外部の雇用者がこの産業に参入することを妨げる. 人為的に固定された賃金率をそのままにして, その障害

を取り除いたとしても,それは当該産業の雇用に資するところはない.他のどこかで雇用された人々を,当該産業の失業者に変えるだけである.」(筆者訳)

という記述がある.
より踏み込んだ形では,Part V Ch. III § 2 に

'In so far as wage policy seeks to arrange this relation on some permanent plan, wage policy is a cause determining the volume of unemployment in a sense that the wage-rate stipulated for at a particular time is not.... This wage policy is exercised sometimes collective bargaining on the part of Trade Unions, sometimes through State action establishing minimum rates to pay.'
「賃金政策が恒久的にこの関係(労働の限界生産力と実質賃金の関係)を「調整」しようとするなら,それは失業者数を決める一つの要因となる.なぜならば,ある特定時点で雇用量との関係で指定される賃金率は,賃金政策によるそれとは異なるからである.(中略)このような賃金政策は,時には労働組合との団体交渉の形をとり,またあるときには最低賃金率を確立しようとする国家の行動として現れる.」(筆者訳)

この文章は明らかに,組合あるいは国家の手によって実質賃金が高止まりしているために,対応する限界生産力に上昇の要があり(収穫逓減を前提とする限り),過剰な失業を生むことを主張している.
さらに Pigou (1933) は,組合には実質賃金を上げすぎると内部失業者への援助が大きくなりすぎるので,自浄能力が働くが,国家による失業保険の給付は「ただ乗り」(free ride) が生ずるので,実質留保賃金の引き上げを通じて,実質賃金を必要以上に高いものとする危険がより大と主張する.

第 5 章 同時代人としてのケインズ　　107

具体的には，Part V Ch. III § 3 に，

'Policy on this matter will depend to an important extent on the nature of the provision that is made for unemployed workpeople. If the unemployed members of a trade union have to be cared for exclusively by that union, so that heavy unemployment means a heavy drain on union funds, this fact will act as a check upon claims for higher wage. If, however, unemployed members are cared for, in the main, at the expense of other people, the union's contribution being no larger when there many unemployed than when they are few, this check does not operate. There can be little doubt that the system of State-aided unemployment insurance with substantial rates of benefit, which has widely extended in this country since the close of the war, has enabled wage-earners to maintain rates at a higher level than they would otherwise have been able to do.'

「賃金政策は，失業している労働者をどれだけ保護する用意があるか，という点に大きく依存している．もしある労働組合が単独で傘下にある失業者の面倒を見なくてはならないとするなら，厳しい雇用情勢のもとでは労働組合の基金を枯渇させることになろう．したがってこれには賃金上昇を抑える働きがあろう．しかしながら，組合に属する失業者の生活が主として外部の人々の出費によって賄われる時，失業者の多寡と彼らへの組合の貢献の度合いは無関係となるから，このようなチェック機構は働かない．労働者に実質的な利益をもたらすように設定された料率での国家援助による失業保険は，戦後わが国で広く受け入れられた制度である．この制度のもとで，賃金生活者が実勢以上の賃金率を維持できていることには，毫も疑いがない．」（筆者訳）

という記述がある．

すなわちピグーにとって大量失業とは，偏に労働者の「我儘」と国家への「甘え」が原因なのである．彼はさらに進んで，労働者のこうした「利己的行為」は，資本家にも損害を与えると主張する．すなわち，Part I Ch. III § 4 には，

'Prima facie, therefore, we may incline to conclude that the value of the output of our unemployment men, if they were employed, would be less than their number multiplied by the wages they would receive if paid at current rates. Thus, if we reckon current wages in this country at a rough average—it must be remembered that many of the unemployed are women—of £2 per week, and 10 percent unemployment at 1.200,000 persons, we get an upper limit for the money value of loss involved of some £125 million in a year. To reason in this way, however, is to ignore the fact that the withdrawal from work of 1,200,000 work people carries with it also the withdrawal of a large amount of plant. In view of this, the upper limit of loss, though certainly much less than 10 per cent of the national income, may well be more than 10 per cent of the national wage bill.'

「それゆえ直観的には，失業者が雇用されたとした時の産出額の増加は，新規雇用数に現行の名目賃金をかけたものより小さくなると見積もられる．したがって，わが国における平均賃金を大まかに週2ポンド（失業者の大半が女性であることに留意すべきである）とし，失業率10パーセントすなわち120万人の失業者がいるとすると，失業による損失の上限は，年当たりほぼ1億2500万ポンドと計算できる．しかしながら，このような計算は120万人が働かないことが数多くの工場閉鎖につながっているという事実を見逃している．この見地からすれば，失業による損失の上限は，国民所得の10パーセントよりも大分小さいことは確実だが，雇用者所得の10パーセントより大きいと考えるのが妥当である．」

(筆者訳)

という記述が見られる．

つまり組合と国家の介入によって労働者が働かなくなったことが，第一次大戦特に大恐慌後の大量失業の原因であり，それは資本家にも少なからぬ損害を与えているというのである．しかしこの論理は現実の流れを無視している．そもそも労働者の社会的に弱い立場を救うために，曲折を経て，組合が認知され失業保険が広く行われるようになったのである．ピグー流にいえば，そうしたことは全くの無駄どころか，「悪」(evil) でさえあるのである．

しかしながら，社会主義・全体主義に脅かされる大陸ヨーロッパの緊張を考えたとき，こうした労働者蔑視の議論はどれほどの妥当性 (relevance) を持つのだろうか．ピグーの主張は，失業状態にある大量の労働者に向かって，目も当てられぬ状況でも（留保賃金を下回る貨幣賃金で），滅私奉公せよというに等しいのである．このような議論が一国を覆うようになったとするならば，イギリスといえども大変な社会的緊張を経験せざるをえなかったのではないだろうか[4]．以上の意味からも Pigou (1933) の思想は，明らかに時代背景をしっかり把握しているとはいい難い

これに対して，Keynes (1936) は Ch. II. V において，次のように述べている．すなわち，

'Thus it is fortunate that the workers, though unconsciously, are instinctively more reasonable economists than in classical school, insomuch as they resist reductions of money-wages, which are seldom or never of an all around character, even though the existing real equivalent of these wages exceeds the marginal disutility of the existing em-

---

[4] Keynes (1925) はロシアの本質を抉った慧眼である．

ployment; whereas they do not resist reductions of real wages, which are associated relative money-wages unchanged, unless the reduction proceeds so far as to threaten a reduction of the real wage below the marginal disutility of the existing volume of employment.... they do not raise the obstacle to any increase in aggregate employment which is attributed to them by the classical school.'

「このように，意識的ではないにせよ，労働者が新古典派より本能的に優れた経済学者であることは幸いである．すなわち，たとえ現行の実質賃金が労働の限界不効用を上回っていても，彼らが（滅多に起こらないか起きても全産業一斉にということは決してありえない）名目賃金の切り下げには抵抗するという意味においてである．しかしながら，彼らは相対貨幣賃金が一定に保たれている限り，切り下げが進んでそれが労働の限界不効用を下回る脅威が現れない限り，実質賃金の切り下げには抵抗しないのである．（中略）労働組合は総雇用増加のための障害であると新古典派は主張するが，それは誤りである．」（筆者訳）

である．

ケインズのこの文章で特徴的なのは，労働者がピグーのように企業の外部者・敵対者であるというよりも，企業を構成するかけがえのない内部者であるという意識である．つまり労働者が実際に働いているという実感がピグーの文章からはうかがえないが，ケインズのそれからは，ある与えられた場所で働き，他企業との比較において貨幣単位での賃金を気にする労働者の姿が浮かんでくる．

ちなみに第3章で議論したKeynes-Carrモデルの組合観は，こうした議論によっている．すなわち内部者である労働者（労働組合）は，一方の内部者である経営陣と名目留保賃金支払いを差し引いた純売り上げを，交渉によって分かち合う．そして労働者側の取り分に名目留保賃金を加えたものが均衡名目賃金となる．交渉によって決まるわけであるから，この切

り下げに強く抵抗するのは不自然なことではない．

そして純売り上げを計算する際の限界費用は名目留保賃金であるから，与えられた実質有効需要のもとでは，企業は均衡名目賃金の水準とは無関係に最大限の雇用を達成している．ケインズの上の文章が示唆するように，労働組合の存在は雇用促進の障害とはならないのである．

このようにケインズとピグーでは，労働者に対する共感（sympathy）が全く異なるのである．そしてこうしたケインズ経済学と新古典派経済学の労働観の対立は，現在に至るまで，止むことを知らないのである．

5.3 おわりに

時の流れは，大河のそれに似ている．上流では高峰をますます峻嶮に，下流では小さな谷や山を，それが最初から存在しなかったかの如く，埋めあるいは削ってしまう．経済学の歴史にもそのことはまさに当てはまる．

本章で新たに登場した，ロビンス，ピグー達も，みな80年前には一線の経済学者であったのである．しかし本書執筆に当たり，東京大学における彼らの著書を調べたところ，Robbins (1932) は経済学部図書館に，Pigou (1933) は社会科学研究所図書室に，それぞれ1冊ずつ蔵するのみであった．Keynes (1936) がいまだ広く読まれている（書店に並んでいるのは一つの立派な証拠である）を見て，泉下の彼らは何を感ずるのだろうか．

彼らの多くは，ケインズという時の淘汰を越えた高峰と競い合おうとしていたのである．彼らには彼らなりの苦しみがあったであろう．しかしそれに対応すること自身，ケインズにとっても，気の進む仕事ではなかったはずである．前2節で議論したように，彼らの理論は到底ケインズのマクロ一般均衡理論（特に金融と雇用に関する理論）の敵ではなかった．

しかし上述したこととも関連するが，殊に Robbins (1932) は，ケインズの著作に対する引用（citation）が全くないうえ，道徳科学としての経

済学・集計データ間の因果関係を分析しようとするマクロ経済学に対して，きわめて隠微に批判がなされ，読むものを消耗させる[5]．筆者には，資本主義社会が現在より深刻な危機に瀕しているにもかかわらず，こうした愚にも付かぬ「喧嘩」を吹っかけようとする人物の了見が知れない．ケインズとて人の子である．決して愉快ではなかったろう．

これらからわれわれが学ぶべきは，ケインズほどの才をもっても，同時代のすべての経済学者を説得することは叶わずということである．なぜならば，反対者は反対者なりの人生を歩んできているわけで，これが「埋没費用」(sunk cost) となるからである．同時にそれに基づいて形成された「既得権益」(vested interests) が無視できないからでもある．

そうしたとき，経済学者は何を善として信ぜよと問われれば，筆者には，広い意味での功利主義 (utilitarianism)（Sandel (2007) 達が攻撃している基数的効用を前提とした底の浅いものではない）を基礎にした「知的美」の実践としか答えがない．この際の「知的美」の実践とは，必ずしもオリ

---

[5] Robbins (1932, p. 66) によれば，

'Now, as we have seen already, the idea of changes in the total volume of production has no precise content. We may say, if we please, attach certain conventional values to certain indices and say that we define a change in production as a change in this index; for certain purpose this may be advisable. But there is no analytical justification for this procedure. It does not follow from our conception of an economic good. The kind of empirical generalization which be made concerning what causes will affect production in this sense, can never achieve the status of a law. For a law must relate to definite conceptions and relationships; and a change in the aggregate of production is not a definite conception.'

「いまや明らかになったように，総生産量の変化という概念は，空疎なものである．もしどうしても好むなら，この指数（総生産量）に伝統的な価値を認め，その変化を以て生産の変化と名付けてもよかろう．しかしこの手法を解析的に正当化する道は存在しない．この指数は，われわれの定義するところの経済財の概念からは導出できないのである．こうした指数の動きに何が影響を与えているか実証的に明らかにしようという方向での一般化は，決して「法則」として牢固たる位置を築くことはできない．なぜならば，「法則」というのは明確な概念同士の関連を扱うものでなくてはならないからである．そして総生産量は明確な概念ではないからである．」（筆者訳）

なおヒックスによって合成財 (composite good) の概念が定義されたのは，僅か7年後である．

ジナルな書物・論文の刊行だけではなく，教師として次の国民国家を担う学生達をいかに知的に伸びやかに育むかも含む考え方である．

本章の総括として，Keynes (1936) の棹尾を記して，暗い時代，ケインズはいかな思いを込めてこの文章を草し，「一般理論」を世に送り出したのかを偲んでみよう．筆者の胸には万感迫るものがある．

'But apart from this contemporary mood, the ideas of economists and political philosophers, both when they are right and when they are wrong, are more powerful than commonly understood. Indeed the world is ruled by little else. Practical men, who believe themselves to be quite exempt from any intellectual influences, are usually the slaves of some defunct economist. Madmen in authority, who hear voices in the air, are distilling their frenzy from some academic scribbler of a few years back. I am sure that the power of vested interests is vastly exaggerated compared with the gradual encroachment of ideas. Not, indeed, immediately, but after a certain interval; for in the field of economic and political philosophy there are not many who are influenced by new theories after they are twenty-five or thirty years of age, so that the ideas which civil servants and politicians and even agitators apply to current events are not likely to be the newest. But, soon or later, it is ideas, not vested interests, which are dangerous for good or evil.' (pp. 383-384)

「しかしこういった現在の雰囲気を離れてみれば，経済学者や政治哲学者の思想は，その正誤にかかわらず，一般に考えられているよりもはるかに強力である．それどころか，世界を支配しているのは，これ以外の何物でもない．誰の知的影響も全く受けていないと信じ込んでいる実務家も，往々にして時代遅れの忘れ去られた経済学者の僕である．虚空の声聴くがごとき独裁者も，数年前の三文学者の文章から己が狂気を紡ぎ

だしている.余は,思想の持つじわじわとした浸透力から比べれば,既得権益の力は過大評価されていると確信する.しかしそれは直ちに姿をあらわすものではない.というのは,経済学や政治哲学の分野で25から30を過ぎて新しい理論から影響を受ける者の数は,そう多くないからである.したがって,官僚や政治家さらに煽動家さえも,現実に対処するための思想は最新のものではない.しかし善にとっても悪にとっても早晩危険となるのは,既得権益ではなく,思想である.」(筆者訳)

第6章 ケインズの政治哲学：
ロバート・スキデルスキー著
Keynes: The Return of the Master に寄せて

6.1 はじめに

著者のロバート・スキデルスキー（Robert Skidelsky）教授は，世界的に著名なケインズ研究家である．現在は英国学士院会員でウォーリック大学の政治経済学名誉教授でもある．これまでにも 'John Maynard Keynes: Hopes Betrayed 1883-1920 (1983)', 'John Maynard Keynes: The Economist as Savior 1920-1937 (1992)', 'John Maynard Keynes: Fighting for Britain 1837-1946 (2000)' という，いずれも大部の三部作の伝記を書いており，2003年にはその縮刷版である *John Maynard Keynes 1883-1946: Economist, Philosopher, Statesman* を上梓している．

本書はそれらの緻密で膨大な研究の要約であると同時に，The Return of the Master の副題から明らかなように，スキデルスキー教授が理解するところのケインズ経済学的立場に基づいて，危機にある世界経済への処方箋を提示するという，誠に魅力的な構成となっている．

初学者が取り組むにはやや文章が難しいが，従来のほとんどの「教科書」で語られる「ケインズ」と実際のバランスがとれた現実的な理論経済学者ケインズが，どれほど開きがあるかを知るうえでも，本書が日本でも

広く読まれることを強く期待したい．本書以上の情報を得たいと思えば，マクミラン (Macmillan) から出ている全26巻の *Collecting Writings* に直接当たるしかないが，これは理論経済学の素人には到底叶わぬことである．その意味でも本書の刊行はきわめて意義深い．

6.2 本書の構成と内容

第1部 The Crisis

本書は三部構成をとっている．第1部の The Crisis では，正統的なケインズ理解に基づき，危機にある現代世界経済の病理解剖と現状分析が実に手際よくなされている．経済史家も世界一流となるとその分析は，並のマクロ理論学者の遠く及ぶところではない．

第1部の第1章 What went wrong? と第2章 The Present State of Economics では金融工学とニューケインジアンを含めた現代マクロ理論に対する批判がなされ，特に Merton-Black-Scholes らの金融工学が LTC 危機とリーマン・ショック以降の世界経済の停滞の元凶となったと指摘する．

さらにニューケインジアンを柱とした不況脱出策のアイディアが教科書的で事態に即応していないこと，すなわち，①金融機関からの不良債権買取（日本でも実質的には実行されていることに強く注意を喚起したい）が全く実効性を持っていないこと，②財政の無定見な拡大が国債の累増による予算自由度の著しい低下につながる危険が高いことを，丹念にデータを拾って説得的に展開している．

なおアメリカのスウェーデンを模した不良債権買取政策を，スウェーデンのそれは実物資産の裏付けがあったのに対し，アメリカの裏付けは「金融のごみ」(financial garbage) であり危険極まりないと，実に冷静である．要するにスキデルスキー教授は，マクロ経済学者は何をしているのかと叱咤しているわけである．

加えて，派生証券，特にたった一度きりの出来事である，大災害リスク（catastrophic risk），規制のリスク（regulation risk），法的リスク（legal risk），政治的リスク（political risk）に対する「保険証券」が，繰り返し現象の膨大なデータの集積とその逐次改訂を元にした生命保険と同じ計算法を用いて販売されているという，きわめて危険な事実が鋭く指摘されている．von Mises（1957）は確率論の名著であるが，そこでも本来確率論は多数の繰り返し試行を分析する手段であると明確に主張されており，教授の経済理論・確率論に対する理解の深さがうかがわれる．

しかし一方，大恐慌以降の世紀の不況では，12四半期も連続でマイナス成長であったことを鑑みれば，リーマン・ショックにより世界がそこまで深刻化する可能性はきわめて低いとする．そしてその根拠は，国際協調体制の深化とケインズの出現により経済学自身が飛躍的に進歩したことに求められる．後述するが，不安を煽ることで利益を得ようという経済学者・金融機関関係者が溢れる今日，落ち着いて物事を見定めようという教授の姿勢は，厳しいアカデミックな訓練を受けたものにしかなしえない業である．

第2部 The Rise and Fall of Keynesian Economics

第2部は，ケインズ自身の経済学，その後のアメリカンケインジアンに関する学説史が展開され，第3部の第6, 7章と並び，本書の核心をなす．第3章 The Lives of Keynes では，ケインズの生涯が特に彼自身の資産運用との関連を強調して，一気に描かれている．まさに碩学の一筆書きである．期待の要因がケインズによって初めて体系的に経済学に取り込まれて行く様子は，彼自身の資産の激しい浮き沈みと相俟って読むものを飽きさせない．

すなわちケインズは，自らの経験を一般化させることで，革新的な理論を作り出したのである．自然科学者からは一笑に付されそうな擬似数学（pseudo-mathematics）で構築された空中楼閣を彷徨する理論経済学者が

多いなか，経験科学としての経済学のあるべき姿がここにある．また，現在ではもはや高く評価されないシュンペーター（J. A. Schumpeter）やロバートソン（D. Robertson）の的外れな批判に，当時の人間模様を見るのも一興であろう．そして幾多の投機の大波をくぐったケインズが最後に辿り着いた「究極」の投資法が，'faith' すなわち目先の動きに囚われない長期的視野からの株式投資であるというのは，やはりケインズといえども人の子と知って，胸を撫で下ろすのもまた楽しい．

第4章 Keynes's Economics では，ケインズ理論の最大の特徴が「不完全雇用均衡」（underemployment equilibrium）にあることが，諸方面から解説される．教授が主張するケインズの経済学（Keynes's Economics）がニューケインジアンをはじめとする，アメリカンケインジアンと峻別されるのは，まさにこの点にある．つまり現代の「自称」ケインジアンは，新古典派の定常均衡の周りでのわずかな変動として，皮肉に言えば誤差の範囲の確率的変動として，ケインズ経済学を捕らえている．これに対して Keynes（1936）を一読していれば直ちに明らかだが，教授の説くようにケインズは不完全雇用均衡こそが，市場経済の常態と捕らえていたのである．現在のマクロ経済学の堕落は，ここからも看取できる．

本書が主張するように，ケインズにとっての貨幣とは「価値保蔵手段」（store of value）であり，彼自身の言葉を借りれば，それこそが 'a subtle device for linking the present and the future'（現在と将来を結ぶ巧妙な手段）なのである．こうした貨幣の役割が，それ自身への「信頼」（credibility）と相俟って価格・賃金の「安定性」（stability）を生むのだが，本書では貨幣の存在および期待と諸価格の安定性の関連が，残念ながら今ひとつ不分明である[1]．第6章に Love of Money という節があるだけに，

---

[1] ここで言うところの「安定性」（stability）とは，ニューケインジアンの唱える「粘着性」（stickiness）とは，次の意味で異なる．すなわち「粘着性」は価格改定費用や改定機会の制約を前提として価格の名目貨幣供給量に対する不感応性を捻り出している．これに対し「安定性」は，物価水準の合理的期待の名目貨幣供給量の変化に対する不感応，言い換えれば，貨幣価値に対する「信頼」を前提として，内生的に導出される概念である．このこと

なんとも惜しまれる[2]．

しかしながら，ケインズが均衡という分析ツールを捨てたわけでなく，均衡自身が期待のあり方に依存する'bootstrap equilibria'（本書の命名による）を想定していたという指摘は正鵠を得ている．これこそがまさに，アメリカンケインジアン（ロビンソン（J. Robinson）によれば bastard Keynesian）に欠落していた視点なのである．

さらにケインズの『確率論』（*Treaties on Probability*）に依拠しながら，計量経済学にきわめて批判的であったことも詳述されており，今日のマクロ経済学の実態を見たらケインズがどれほど嘆くかは，どんな読者も容易に想像できよう．ちなみにケインズは，1938年7月16日のハロッド宛の書簡で計量経済学の草分けティンバーゲン（J. Tinbergen）の著書に触れ[3]，次のように述べている．すなわち，

'The pseudo-analogy with the physical science leads directly counter to the habit of mind which is most important for an economist proper to acquire. I also want to emphasise strongly the point about economics being a moral science. I mentioned before that it deals with introspection and with value.'

「物理学をなぞった似非論理は，経済学者が本来身につけるべき最も重要な資質とは，完全に背馳する．また同時に余は，経済学が道徳科学であることを強調しておきたい．以前にも述べたことだが，経済学は自己省察と価値の学問である．」（筆者訳）

第5章 The Keynesian Revolution: Success or Failure は，ケインズ以

は本書第1章でも議論した．
[2] 貨幣を価値保蔵手段とするミクロ動学理論で，諸価格が貨幣数量の変化に対して，不感応となり貨幣が非中立的となりうることは，すでに Otaki (2007, 2010)，本書第1，2章で厳密に証明されている．
[3] Keynes (1973, p.300) を参照されたい．

降のマクロ経済理論とその実体経済への影響がコンパクトにまとめられており，初学者や他分野の研究者でマクロ経済学に関心がある人達には，格好の情報源となるであろう．もはや何も語らぬ人となったケインズがいかに政治的に（特に減税政策をめぐって）利用されてきたかという記述は，Buchanan and Wagner (1977) などを「ネタ本」にした「俗書」の洪水に憤りを感ずるものにとって，溜飲を下げる思いがある．

しかしながら，本書はスティグリッツ（J. E. Stiglitz）教授やクルーグマン（P. Krugman）教授のエッセイおよびニューケインジアンなる「学閥」に対しては評価が若干甘い[4]．これらの二人のノーベル賞受賞者の専攻は（また賞の選考理由も），いずれも応用ミクロ経済学であり，マクロ経済に関する発言は，深い理論的考察と十分な現実認識・データを駆使したものとは言い難い．すなわち観念的で肌理の粗いものが多いと同時に，アメリカの世界戦略に重きを置いた政治色がきわめて強い．

また教授は，フリードマン（M. Friedman）の自然失業率仮説にきわめて批判的であるが，長期の古典派均衡の周りの「揺らぎ」として景気循環を捕らえるのは，上述したようにニューケインジアンも同じである．違いは期待の調整（monetarism）あるいは価格の調整（ニューケインジアン）のどちらに摩擦を求めるかだけである．これらの点は，一般読者が本章を読むに当たって，強く意識すべきである．

第 3 部 The Return of Keynes

ここでは，前二部を受けてケインズの思想に基づき，これからの資本主義のあるべき姿が，経済倫理，政治哲学，そして具体的なマクロ政策の三面から語られている．

---

[4] クルーグマン教授の発言がいかに場当たり的であるかは，たとえば，Krugman (1994) のアジア経済の将来予測と現実のそれがどれほど乖離していたかを見れば，明らかである．また後に紹介するように，スキデルスキー教授は経済のグローバリゼーション（globalization）について懐疑的であるが，これはスティグリッツ教授の多数の著作（たとえば Stiglitz (2006)）とは正反対の立場にある．

なかでも第6章 Keynes and the Ethics of Capitalism と第7章 Keynes's Politics は，本書の白眉である．「教科書」と論文だけで経済学を学んできた者には全く無縁の Moore（1902）や Burke（1790）が登場し，その著がいかにケインズの人生・経済観に大きな影響を与えたかが詳述されている．

ケインズといえば「山っ気」たっぷりの投機家という，きわめて俗で偏向した情報しか持たない者にとっては，さぞや驚天動地であろう．ただ留意して欲しいのは，ケインズとて無論聖人ではなく，自らも Keynes（1949）で淡々と自己省察しているように，ある種の「背徳者」としての側面もあるのである．このことは本章でもさりげなく，最後の節である Keynes and Christianity で語られている．

さて第6章に登場する Moore（1902）は百余年を超えて，現代に鋭く語りかけてくる古典である[5]．この本の主旨は「善とは何か」（What is good?）に集約される．そして快楽主義（hedonism）や形而上学（metaphysics）が「善」そのものに階級を付けていることに対して，徹底した批判を加える．すなわちそうしたものがあらかじめ存在するなら，新しく生まれたわれわれは何を「善」として付け加えることができようかという，遍き人間肯定の姿勢からの鋭い批判である．そして「善」とは時代・場所・関係などに応じて定義されるものであって，一概に定義することは

---

[5] Keynes（1949）は，Moore（1902）に触れ，次のような複雑な思いを語っている．すなわち，

'I went up to Cambridge at Michaelmas 1902, and Moore's *Principia Ethica* came out at the end of my first year. I have never heard of the present generation having read it. But, of course, its effect on us, and talk which preceded and followed it, dominated, and perhaps still dominate, everything else.'

「余がケンブリッジに進学したのは，1902年のミクルマスであった．ムーアの『倫理学原理』（*Principia Ethica*）が，刊行されたのはその学年末であった．余は今の若い世代がこの著を読んだということを寡聞にして知らない．しかしいうまでもなく，それは「私達」には出版前後になされた（ムーア自身の）議論とともに，他の何物よりも強い影響を与えたし，そしておそらく今でも，それは変わることはない．」（筆者訳）

できないとの結論に至るのである[6].

本章ではそうしたムーアの理論を前提に,ケインズの資本主義観が語られる.すなわち資本主義は人々がゆとりと節度のある(いかなるときに何が「善」であるかを考え,その達成の術を考え実行する余裕のある)生活ができるようになるための過程であり,それ自身が「善」ではないというのが,ケインズの価値観である.そして usury と avarice(高利貸しと強欲者)が許されるのは,それまでの期限付きの話であると意気軒昂である.しかしながら,第3節 Love of Money で詳述されるように,「富める」人々の大半の際限なき金銭欲には,常識人なら誰もが暗澹たる思いに陥らざるをえない.スキデルスキー教授も,

'How to nourish the fading 'associations or duties' so essential for human flourishing is the unsolved problem of the developed world today.'
「今日の先進国の世界では,人類繁栄のためにきわめて本質的な存在である,人々が共通の目的をもって行動する慣習や義務感が薄れつつあることが問題であり,これらをいかに蘇らせるかが深刻な課題である.」

---

[6] Moore(1902)の結論部分である The Ideal には,次のようなきわめて明晰な記述がある.すなわち,

'This new case only differs from the former in this, that, whereas the true belief, by itself, has quite as little value as either of the two other constituent taken singly, yet they, taken together, seem to form a whole of very great value, whereas this is not the case with the two wholes which might be formed by adding the true belief to either of the others.' (§ 120)
「この新しい考え(個人的にではなく社会的な善が存在するという考え)が,以前のそれと異なるのは,以下の点である.すなわち,真の信頼それ自身は,二つの別個の信頼のどちらかを単一に抜き出した場合と全く同じ小さな価値しか持たないかもしれないが,それらが一緒になり一つの**全体**を形成するときめて大きな価値を持ちうるという点である.もっともこれは,二つの信頼を単に互いに足し合わせることで形成されるであろう,二つの**全体**とは異なったものであるが.」(筆者訳:太字は筆者)
ここからムーアが「善」を個人的な存在としてばかりではなく,社会的存在としていかに深く認識していたかをうかがい知ることができよう.

（筆者訳）

と述べている．
　ただ本章の末尾で，人々の金銭欲の限界効用が逓増しうることに，ケインズは気づかなかったとしているが，これは必ずしも正鵠を得ていない．すなわち，本章にも引用されている Keynes（1930）には，次のような記述があることに読者は留意されたい．すなわち，

'Yet there is no country and no people, I think, who can look forward to the age of leisure and of abundance without dread. For we have been trained too long to strive and not to enjoy. It is a fearful problem for the ordinary person, with no special talents, to occupy himself, especially if he no longer has roots in the soil or in custom or in the beloved conventions of a traditional society. To judge from the behaviour and the achievement of the wealthy class today in any quarter of the world, the outlook is very depressing!'

「余の見るところ，富裕と余暇の時代がやってくることを恐れない国，国民は未だ存在しない．それはわれわれがあまりに長い間苦労することに慣れすぎ，楽しむということに縁遠かったからである．自分自身を虜できるだけの特別な才能がなかったり，殊に伝統的社会の土壌や慣習から離れ，愛され育まれてきた慣習とは無縁の根無し草となった通常の人々には，富裕と余暇の時代の到来は恐るべき問題である．今日の世界のどこの富裕階級の行動と成功への過程を見るにつけても，見通しは絶望的である！」（筆者訳）

　この文章が 21 世紀に書かれたものといっても，予備知識のない者は全く気づかぬだろう．
　第 7 章 Keynes's Politics は，ケインズの精神生活を支えるもう一つの

古典 Burke（1790）に依拠して議論が展開される．自由主義者（liberalist）かつ現実主義者（realist）のケインズの面目躍如である．Burke（1790）は，バーク（E. Burke）がパリに住むある紳士に宛てた書簡という形式をとりながら激しい調子を秘めた政治哲学の古典である．フランス革命の単一の「理念」によって国を治めようとした試みは，単に血と食物に飢えた暴徒（mob）を喜ばせただけで，その他大多数の国民に果てしない災厄をもたらしただけであると，強く主張する．

確かにスキデルスキー教授の主張するように，既存の所得分配を尊重しすぎる面もあるやもしれないが，この名著には，たとえば次のような感動的な文章が綴られている．すなわち，

'but a good patriot and a true politician, always considers how he shall make the most of existing materials of his country. A disposition to preserve, and an ability to improve, taken together, would be my standard of a statesman. Everything else is vulgar in the conception, perilous in the execution.' (p. 161)
「しかし良き愛国者そして真の政治家は，自国に賦存する人的・物的資源をいかに活用するかをつねに考えている．資源を保蔵する際の采配，それらを改善する能力，これらが備わってこそはじめて，余には一人前の政治家といえる．他はどんなことでも机上では俗なアイディアであり，それが実行に移されることはきわめて危険である．」（筆者訳）

これはアメリカの世界戦略であるグローバリゼーションとは，以下の理由で明らかに背馳する．すなわち，あらゆる財・サービス・生産要素を自由貿易の名のもとに，規格化し市場取引に乗せようというのが，グローバリゼーションの大綱であろう．この世界戦略を正当化するのは，資源の遊休が起こることをあらかじめ排除したリカード（D. Ricardo）の伝統を引く，Heckscher-Ohlin-Samuelson 理論である．すなわち財にせよ生産要素

である資本・労働にせよ，それらが国民経済を跨いで取引されるようになると，国内で相対的に安価なものを輸出し，高価なものを輸入することになる．

たとえば生産要素だけの移動の自由が認められたとしよう．先進国のような資本が豊富で賃金に比べ相対的に利潤率が低い国では，資本を輸出（対外直接投資）し，労働を輸入（外国人労働者の増加）する．その結果，利潤率は回復し賃金は低下する．まさに日本経済で起きている現象である．

資源の遊休を排除したリカード的な世界では，一般に財の移動だけによって，貿易は経済厚生を高めることが知られている（互いにより安いものが手に入るようになるから）．しかし，グローバリゼーションの特徴は，生産要素，殊に資本移動の自由化に求められる．なぜ財の輸出入がきわめて容易となった今日，わざわざ生産要素である資本の自由化を求めるのか．答えは上での議論から明白である．すなわち資本家への所得分配の有利化である．

こうしたとき，所得分配が不利化した労働者は，途上国よりも高い賃金を要求するのが原因であるから救済の余地なしとしても良いのだろうか．さらに，直接投資に伴う目に見えない技術移転によって，自国の労働者のスキルが資本輸出国に比べ劣化し，資本家自身が長期的に自分で自分の首を絞めることも十分考えられる（社員すべてを外国人にするなら別だが）．加えて，これはいまだ開発途上の理論だが，資源の遊休が経済の常態と考えるケインズ的な世界をリカード的世界に代えて，国際経済学へ応用できるようになったときには，労働者は賃金の低下ばかりでなく，国民国家にとって最も深刻な問題である大量失業の憂き目に遭わされる危惧が必ずや明らかにされよう．これらの意味で，上でのバークの議論は何物にも代え難いほど重い．

しかし現状を憂い，焦燥に駆られてばかりでは何もならない．バークはまた次のようにも述べている．すなわち，

'By a slow but well-sustained progress, the effect of each step is watched; the good or ill success of the first gives light to us in the second; and so, from light to light, we are conducted with safety through the whole series.' (p. 173)

「ゆっくりとしたそして根を張った進歩によって，それぞれの（改革の）効果を知ることができる．すなわち，第一段階での成否が第二段階でのわれわれのあり方を照らしだしてくれるのである．こうして点々と灯されるあかりが，われわれを全体の過程を無事にたどる方向に導いてくれるのである．」（筆者訳）

と述べている．この文章は明らかに未知の将来に対して，漸進的な進歩の必要性とそのプロセスの重要性を唱えている．これ故筆者は，Burke を「保守主義者」と単純にラベリングすることには与しない．むしろこれらの文章から浮かび上がってくるのは，Moore (1902) と同様に，生きとして生きるあらゆるものへの肯定の姿勢なのではなかろうか．

実際再び Burke を引用すれば，

'Humanity, and perhaps policy, might better justify me in the one than in the other. It is a subject on which I have often reflected, and never reflected without feeling from it.' (p. 165)

「余は主として，人間性そしておそらく政策，こうした見地から，事の分別を為してきた．人間性は余がしばしば省察してきた問題であり，逆にそこを離れては省察など思いも及ばなかった．」（筆者訳）

である．すなわち愛国者（patriot）であって，はじめて人間的（humanistic）なコスモポリタン（cosmopolitan）となれるのである．つまり愛国主義（patriotism）とあらゆる点で自国が他国に抜きん出ていることを狂信する狂信的愛国主義（chauvinism）が全く異なるものであることを，日本

第6章 ケインズの政治哲学

人は往々にして忘れがちであり，自分の生まれ育った風土を愛せない人物が，いわんや異国の地の人々の心を推し量れるなどと考えるのは，「痴人の夢」ともいうべきである．

さてケインズは，こうした知的風土に育ったわけである．スキデルスキー教授が指摘するように，まさに，

'He was the philosopher of an embattled, not triumphant, liberalism.'
「彼は戦う哲学者であったが，勝利者ではなく，リベラリストであった．」（筆者訳）

なのである．

ケインズのこうした政治哲学実践のための原則として，本書では，「真実を語ること」と「個人に合理的判断が可能であると信ずること」，が挙げられている．このような政治的態度は Keynes (1919) を読めば直ちに明らかだが，スキデルスキー教授によれば，これはケインズが虚偽や自己欺瞞を許さないことが知的階級の義務であると考えていたことを意味する．

余談だが，統計データを無視した「デフレ・不況論」が，中央銀行まで巻き込んで鳴り止まない，日本の知識階層は一体何をしているのだろうか．そうした人達には少なくとも，ケインズの名を語ることだけは控えて欲しいと，憤るのは筆者だけではなかろう．

しかしバークの愛読者であったケインズが急進的であるはずもなく，本書でも，

'In espousing the claims of reason, he was always conscious of how limited was its scope to penetrate the future.'
「発言の根拠を明らかにするとき，彼は将来を見通すために視野がどれほど狭められてしまっているかを，つねに意識していた．」（筆者訳）

と語られている．されどMoore（1902）をこよなく愛した彼が頑迷であるはずもなく，返す刀でBurke（1790）を批判して，

'It was the absolutist of contract who are the parents of Revolution.'
「契約絶対主義者こそが，フランス革命の生みの親である．」（筆者訳）

とも述べている．これはスキデルスキー教授ならずとも，激賞すべき慧眼である．われわれ現代社会に住むものは，absolutists of contract が absolutists of market とほぼ同義であることに，憂いをもって心すべきである．

第8章 Keynes for Today は，ケインズ研究の大家であるスキデルスキー教授が自らの研究成果をもとに，今後の世界経済および経済学教育のあり方を論ずる，本書の結尾である．まず，

'We need a new thesis, in which government is accepted as non benevolent, but the market is not thereby totally rehabilitated.'
「もはや政府が大多数の国民に対して友好的ではなく，それゆえ市場が全体的に治癒されることがない時代，そうした時代にそぐった新しい思想が必要とされている．」（筆者訳）

という厳しい現状認識に始まる．これはアメリカに限ったことではなく，無慈悲な政府（non-benevolent government）は，日本でも「失われた10年」（一体具体的に何が失われたのかと筆者は声に大にして問いたいところだが），「構造改革」，「株主主権」，といった「強面」三点セットが出揃った今世紀初頭あたりから，無論現在の民主党政権に至るまでの，一連の政策の流れとなって現れていることには，読者も留意されたい[7]．

---

[7]　詳しくは，大瀧（2011）を参照されたい．

同じく

'One consequence of new paradigm was that access to credit replaced the welfare state as the basis of the social contract.'
「新しいパラダイムの帰結の一つは,福祉国家に変わって金銭的信用を得る権利を社会的契約の基礎に置き換えたことである.」(筆者訳)

というさらに厳しい見解を述べる.すなわち,さきほどのケインズのバークへの批判がそのまま当てはまるような世の中になってしまっているのである.

教授はこうした世界経済の反動的な潮流の原因を,「貯蓄の洪水」(The Saving Glut) と「行き過ぎたグローバリゼーション」に求める.まず筆者も意を同じくする過剰なグローバリゼーションの問題について論じよう.ケインズが対外直接投資にきわめて批判的であったことを論じ(ケインズの最初の勤務先がインド省であることに留意されたい),次のような示唆的な文章を引用する.すなわち,

'The protection of a country's existing foreign interest, the capture of new markets, the progress of economic imperialism—these are scarcely avoidable parts of a scheme of things which aims at the maxim of international specialization and at the maxim of geographical diffusion of capital whenever its seat of ownership.'
「国家による既存の対外利権の保護,新市場の獲得,経済的帝国主義の深化,これらは国際的分業,および対外直接投資の地理的拡大という至上命題のもとでは,ほとんど不可避な構成要素である.」(筆者訳)

である.すなわち資本移動の自由化は,自国権益の保護,新市場獲得の必要性,経済的帝国主義の深化を招き,必ずや国際的な対立や固有文化の破

壊を召致することを，ケインズはすでに経験から予想していたわけである．

さきほども述べたように，これこそまさに21世紀初頭を生きるわれわれが，直面している問題そのものではないか．IMFやWorld Bankの引いた設計図に載って，どこもが同じような工業国となったとき，地球は果たして人間の生存を許してくれるだろうか．またKeynes-Skidelskyの議論で見落とされている点がある．すなわち上述したように，他国における雇用の創出は，自国への失業の輸入となる可能性がきわめて大であることである．こうしたことが政策論議に全く上がらないことからも．現日本政府が慈善的（benevolent）な存在でないことは明らかであろう．

次に，「貯蓄の洪水」の問題について論じよう．教授は東アジアの貯蓄超過とアメリカの消費過剰が問題であるとしている．確かにそのとおりだが，筆者の意見ではこの問題については，アメリカの責任がきわめて重い．つまり教授は全世界のドル準備が2003年から2009年にかけて，26兆ドルから77兆ドルに膨張したために，投機の芽を摘むことができないとしている．

FRBの不良債権の大量買取で，市場に想像を絶するほど，ドルが「散布」されたのが，明らかにこの結果を呼んでいる．すなわち「貯蓄の洪水」というよりも，自国の投機の清算を恐れ基軸通貨国としての責任を果たしていないことが，大問題なのである．たとえ世界経済が多少停滞しようとも，投機を清算させその新たな芽を摘むためには，世界全体での協調利上げが必要なことは，以上から火を見るより明らかである．この点はやはりマクロ理論が専攻でないことからくる，分析力の弱さであろう．

最後にスキデルスキー教授は，長期的には経済学の体系自身を見直すことが，「超金融緩和」，際限のないグローバリゼーションの流れを押しとどめることにつながると考え，具体案を出している．

筆者はミクロとマクロを分離すべきであるという提案には賛成できないが，他の点では教えられるところが多かった．

すなわち，学部学生にはマクロ・ミクロの基礎理論のほかに，政治経済史，経済思想史なども広く学ばせ，道徳科学（moral science）としての経済学の基礎を作る．そして大学院では，マクロ経済学はミクロとは別に，歴史学，哲学，社会学，政治学，国際関係論，生物学そして文化人類学（成長論やグローバリゼーションの問題を考えるうえでは，これらは避けては通れない知識である）も学ぶべきだとする．

確かに教授の

'A broadly based postgraduate course in macroeconomics would study not just the implication of particular policies for economic stability, growth and development, but also their social and moral implications.'
「大学院生でマクロ経済学を専攻する者には，広い見識を持たせるようにすべきである．そしてある安定政策や成長政策，そして開発政策に関する限定された理解だけでなく，その社会的・道徳的意義についても理解を深めるような教育課程が必要である.」（筆者訳）

という指摘は，現在のマクロ経済学の「惨状」を見るにつけても，首肯すべきものがある．しかしながら，マクロ経済学はミクロ経済学とは本来一体であるべきと，筆者は考える．

本来不要でかつ厳密さを欠く「数学」乱用には目を覆いたくなるし，数学ができることが良い経済学者であるという風潮は，確かに忌むべきである．またマクロ経済学が現実の経済・政策に近いところに位置することから，ミクロよりはるかに幅広い教養が要求されることも，事実である．

だが差し当たりは，経済学の統合化・一体化を目指し，適合した理論・カリキュラムを開発することこそ，肝要ではなかろうか．それによって教師・大学院生の間の風通しを良くし活発な議論を喚起し，間接的にマクロ経済学に本来必要な教養の重要性を認識させることが，現実的で望ましく

思える.

6.3 技法・近似としての「合理的期待仮説」

スキデルスキー教授は,本書を通じて,この年代の著名な研究者と同様,「合理的期待仮説」をナンセンスなものとして,頭から退けている. 確かに現実的には全く「非合理」な仮説であることは間違いない. しかし逆からいえば, Keynes (1936) をもって期待の重要性に関する研究は,実質的に終わりを告げているのではないだろうか. 期待で経済が動くことはいまや経済に携わるものの常識に近い. つまり教授が命名した'bootstrap equilibria' こそが現実の世界であるにあるというのは, 少なくとも実務的には広範に認識されている.

実際,資産価格の予想形成をいかに操作すると自らが得できるかが,世界のほとんどの機関投資家の関心事である. 筆者もその存在にきわめて批判的だが, Merton-Black-Sholes らの金融工学は, 予測というより, 顧客に「夢」を刷り込む(期待を操作する)道具・材料となっているのではなかろうか.

もし金融工学に基づく経済計算が「合理的期待形成」あるいは「効率的市場仮説」(efficient market hypothesis) を満たすならば, 到底 LTC, リーマン・ショックは生起しなかったろう. すなわち「合理的期待仮説」自身が問題なのではなく, 金融工学の擬似経済学 (pseudo-economics) に何らかの客観性があると考えることが, そもそも大変剣呑なのである.

技術的にいえば, 第1, 2章で述べたように合理的期待形成と価格の伸縮性を仮定しても, bootstrap equilibria (複数であることが重要) の非常に自然な均衡の一つとして, ケインズ理論を蘇らせることは可能である. つまりこうした場合, 理論への合理的期待仮説の導入は, 期待の錯誤という要素を理論から取り除く一つの技法であり, もちろん近似的な概念である. そしてそれは,「貨幣錯覚」(money illusion) がなくとも, 貨幣が非

中立的になることを示すためには，不可避な手段なのである．

だがこのことは，期待の変動が経済に深刻な影響を否定するわけでは決してない．つまり合理的期待を前提としても，その変化自身によって予測通りに均衡が移動することがある．この現象は一般に，「自己実現的期待」(self-fulfilling prophecy) と呼ばれている．「自己実現的期待」は不換紙幣のように，それ自身が効用を生み出さないという意味で本来無価値なものが，みなが価値があると思えば「固有の価値」(intrinsic value) が生じ，ないと思えば消失しハイパーインフレーションが発生する様，すなわち貨幣の「信頼性」(credibility) の変化を数理的に定式化するためには，大変有用な概念なのである．

6.4 『貨幣・雇用理論の基礎』の政治経済学的意義

さて『貨幣・雇用理論の基礎』を閉じるにあたって，展開された理論を整理し，その政治経済学的意義を改めて問うておこう．

6.4.1 貨幣の非中立性と不完全雇用均衡

展開された理論の最も大きな特徴は，期待の錯誤・価格の先験的硬直性を一切排除して，貨幣の非中立性を導き出したところにある．これはある意味では，マクロのケインズ経済学とミクロ経済学の「幸せな結婚」ということができる．

すなわち第1章でも簡単に触れたように，従来のマクロ経済学は，ほとんどの場合，「効用関数に導入された貨幣」(money in the utility function) の形でしか貨幣を取り扱うことができなかった．そもそも，効用関数に「価値保蔵手段」としては一切機能しない実質貨幣残高が導入されること自身が，論理的な矛盾を内包するが，このことはさらに貨幣の中立性を前提とすることに等しい．

すなわち，効用関数の中に実質貨幣残高が導入されると，各個人はそれ

について効用最大化し，結果として，実質貨幣需要が名目利子率の関数として現れる．定常均衡では，実質利子率は資本労働比率の関数である資本の限界生産力に規定され，インフレ率は貨幣供給増加率から人口成長率を引いたものと等しくなる．前者は深いパラメータ (deep parameter) である時間選好率より人口成長率を減じたものとなるから，結局定常均衡において実質利子率は，貨幣供給増加率とは無関係となり，貨幣は（超）中立的となるのである．

このためニューケインジアンの経済学では，貨幣の非中立性を捻り出す目的で，カルボ・ルール (Calvo rule) のように価格改定の機会に確率的な制約を課したり（いかなる現実と対応しているのかは全く不明だが），メニューコスト (menu cost) の如く直接的に価格改定費用が存在することを前提とせざるをえないのである．

しかしながら，これら価格改定の意思決定にとっての障害となる「ゴミ」あるいは「摩擦」が定常的 (stationary) あるいは大域的 (globally) に経済に影響を与え続けるはずもない．つまり何ら攪乱が発生しないなら，いずれは価格改定の機会が訪れカルボ・ルールのような確率的な制約ははずれて，最適価格へ到達できるであろうし，メニューコストが実質を持つほど大きいとも思えない[8]．上述したが，これゆえ，ニューケインジアンの分析は新古典派マクロ経済学の定常均衡の近傍での微細な (infinitesimal) 確率的な変動に限定されるのである．

これに対し『貨幣・雇用理論の基礎』で展開されたすべての理論は，カルボ・ルール，メニューコストなどの価格硬直性に纏わる先験的な仮定を一切排除している．そのうえで**定常的かつ大域的に (stationary and globally)** 不完全雇用均衡が存在すること，すなわち資本主義社会におい

---

[8] 価格が頻繁に改訂されてないことをもって，メニューコストの存在を証明したという実証分析は後を絶たない．しかしこの考え方は不完全である．すなわち企業が，つねに最適価格を付けることができても，変更の要がないためにあえて価格を不変に保っている可能性はきわめて高いのである．

ては，「非自発的失業」が広範に存在すること，そして雇用情勢の改善は，パレートの意味で厳密に資源配分を改善するという命題の証明に成功している．

こうした命題は，政府だけでなく企業に一定の社会的責任を要求している．すなわち，公共事業の「無駄」(？)に対する「仕分け」(ポピュリズムの極致だが)が意味あるとするなら，そうしたことで職を失った人々に新たな働く場を提供するのが，政府・企業の役割であろう．賃金の問題だけでいとも簡単に地方の工場を閉鎖し，対外直接投資へ向かう企業を果たして放置してよいのだろうか．税制を使って企業を優遇しようとするなら，国内に投資する者は厚遇するが，対外直接投資により平気で失業を輸入する企業には，厳しい措置を講じるという，めりはりを付けた政策が不可欠であろう．

さてそのうえで第 1 章において証明したように，われわれの理論は，「古典派の二分法」(The Dichotomy of Classicals)すなわち貨幣数量説が妥当しその中立性が成立する均衡を，特殊ケース(ハイパーインフレーションと真正インフレーション)すなわち(boundary equilibrium)として含んでいる．この意味で Keynes (1936, Ch. 1) の

'I shall argue that the postulates of the classical theory are applicable to a special case only and not to the general case, the situation which it assumes being a limiting point of the possible positions of equilibrium. Moreover, the characteristics of the special case assumed by the classical theory happen not to be those of the economic society in which we actually live, with the result that its teaching is misleading and disastrous if we attempt to apply it to the facts of experience.'
「余は古典派の想定は特殊ケースであり一般的なものではないことを明らかにする所存である．すなわち古典派の均衡は数多ある均衡のうちの極限的なものである．それ以上に古典派理論によって描かれる経済の性

質は，われわれが生活している現実の経済社会のそれとは全く相容れないものである．したがってその教義は誤りであり，もしそれを実体経済へ応用しようものなら災厄を招くであろう．」（筆者訳）

というメッセージは，新古典派のミクロ経済動学に貨幣を導入したわれわれの理論によって，確実に継承できたといってよいだろう．この意味で，ケインズ経済学は完全にミクロ理論に根を下ろすことができた，というのがわれわれの認識である．

われわれの成功の原因は，貨幣と財の間の「力関係」を逆転させたところにある．すなわち，財はその差異性ゆえに貨幣に比べて「信頼性」(credibility) で劣るとの発想が原点である．従来のマクロ経済学では，あくまで財が主で貨幣は従の役割しか与えられてこなかったが，われわれの理論ではこれが逆転して貨幣が価値の絶対的単位となり，財の価値は貨幣によって規定されているのである．

言い換えれば貨幣の価値が，供給量とは無関係であるという意味で絶対の存在である（「固有の価値」(intrinsic value) を持つ）と期待が形成されると，それは「自己実現的期待」となり，この場合貨幣は非中立的で「非自発的失業」が現れる．逆に失業が存在する均衡では，貨幣が非中立的であることは，第1章で示したとおりである．すなわち繰り返しになるが，貨幣が非中立的であることと失業が存在することは，同値である．翻っていえば，貨幣が本質的に中立的なモデル（新古典派マクロ経済学やニューケインジアン）では，定常的な失業現象殊に「非自発的失業」の存在を説明できないことは，この命題から明らかであろう．

6.4.2 フィリップス曲線といわゆる「リフレ論」

ニューケインジアンのフィリップス曲線は，見かけ上たいそう複雑に思えるが，実は非常に単純で1960年代のアメリカンケインジアンが用いていたものと大差がない．すなわち，価格調整にカルボ・ルールという特殊

な制限を置くことで，価格に「惰性」(inertia) を持たせているにすぎない．このことを簡単にまとめておこう．

まず毎期確率 q で価格改定のチャンスが訪れてくれるものとしよう（価格改定にどうしてそんな制約が存在するのか，筆者には全く不明だが）．さらに，今期改定のチャンスがめぐってきたとしよう．すると現在から n 期後までチャンスが訪れない確率は，$(1-q)^n$ であるから，予想される限界費用曲線 MC_t は

$$MC_t = mc_t + \sum_{n=1}^{+\infty}(1-q)^n mc_{t+n|t}$$

である．さらに反復射影の定理（the law of iterative projection）を用いて，

$$MC_{t+1|t} = mc_{t+1|t} + \sum_{n=1}^{+\infty}(1-q)^n mc_{t+n+1|t}$$

である．ここで $mc_{t+n|t}$ は，第 $t+n$ 期の第 t 期に利用可能な情報のもとでの限界費用の条件付き期待値を表している．上の2つの結果から，

$$MC_t - (1-q)MC_{t+1|t} = mc_t$$

である．ところで独占企業の利潤最大化行動から，$P_t = \dfrac{MC_t}{1-\eta^{-1}}$ であるから，上式は，$P_{t+1} = P_{t+1|t} + \varepsilon_{t+1}$ を考慮すると，

$$P_t = (1-q)P_{t+1|t} + \frac{mc_t}{1-\eta^{-1}}$$
$$\Rightarrow [P_{t+1} - P_t] = q[P_{t+1|t} - P_t] + q\left[P_t - \frac{mc_t}{q(1-\eta^{-1})}\right] + \varepsilon_{t+1} \quad (6.1)$$

と書き直すことができる．

ここで，攪乱が存在しない（限界費用が mc^* という一定の値をとる）新古典派的定常均衡を考えると，$MC = \dfrac{mc^*}{q}$ であるから，最適価格は P^*

$= \dfrac{mc^*}{q(1-\eta^{-1})}$ である．したがって上式の右辺第2項は，定常限界利潤からの乖離を表していることがわかる．

また (6.1) から明らかなように $q=1$ で価格が完全に伸縮的なら，$P_t = \dfrac{mc_t}{1-\eta^{-1}}$ であり通常の静学モデルに戻ってしまうことには，十分留意の必要がある．また逆の極，$q \to 0$ の場合には（この場合は割引因子導入の要があるが），価格は完全に固定的となり旧来のアメリカンケインジアンのモデルと同一となる．要約すれば，価格改定の機会が適当に限られていることが価格の硬直性を呼び，またそれゆえ第1項に見られるように，インフレ期待がインフレ率の実現値に影響を与えるのである．率直にいえば，はなから価格硬直性を前提として最適問題を解いた結果，硬直性が再現されても，それは自明というべきものである．

さてここで第4章のように，労働生産性について学習効果が存在する生産関数，すなわち，$y_{it} = \Phi(L_t)L_{it}$ を考えよう．このとき個別企業の限界費用 mc_{it} は $mc_{it} = \dfrac{W_t}{\Phi(L_t)}$ となる．

これを前提に (6.1) の右辺第2項を定常状態の回りで線形近似すると，

$$qP_t - \dfrac{mc_t}{1-\eta^{-1}} \fallingdotseq \left[\dfrac{W^*\Phi'(L^*)}{(1-\eta^{-1})\Phi^2(L^*)}\right][L_t - L^*]$$

となる．この結果を再び (6.1) へ代入すると，

$$[P_{t+1} - P_t] = q[P_{t+1|t} - P_t] - \kappa[U_t - U^*] + \varepsilon_{t+1},$$
$$\kappa \equiv \left[\dfrac{mc^*}{1-\eta^{-1}}\right] \cdot \left[\dfrac{L^*\Phi'}{\Phi}\right] \qquad (6.2)$$

ここで，U_t, U^* は各々現実の失業率と新古典派の均衡における自然失業率を表している．そして (6.2) が，本書で解釈するところのニューケインジアン・フィリップス曲線である．

ここまでの議論で明らかであるが，このモデルには価格改定に適度の摩擦がない限り，インフレ率を内生的に決定するメカニズムが存在しないのである．第4章で展開された，われわれのフィリップス曲線が，価格の

伸縮性を前提としても，将来財の現在財に対する相対価格として決定されるインフレ率と失業率の負の相関関係として，ごく自然に導出されたこととは好対照である．これは，理論の設定が本質的に動学的であるか否かを如実に表している事実である．

さて俗に流れることは筆者の本意ではないし，『貨幣・雇用理論の基礎』の本来の趣旨からも離れてしまう．だが，マスメディア，日本銀行，そして理論経済学の基本を習得しているとは到底思えない大学教師達によって流布される，インフレ・ターゲット (inflation targeting) あるいは「リフレ論」の荒唐無稽とそのもたらす害毒には，社会正義の観点からも，黙視するわけにはいかない[9]．

そこで (6.2) を前提に，この偽りの理論 (pseudo theory) の構造を概観しておこう．演繹過程は不分明の極みだが，「リフレ論」の主唱者の政策的主張だけは鮮明である．すなわちインフレを起こせば景気が良くなる，との一言に尽きる．この裏返しは，現在の不況（？）はデフレのせいという，統計データから見ると荒唐無稽な「大合唱」となる．

ところで，統計データ上だけでなく，「リフレ論」には論理的に決定的な誤りがある．そこで，(6.2) の因果関係を考えてみよう．この方程式は右辺から左辺への因果関係がある．すなわち，今期の失業率 U_t とインフレ期待が $[P_{t+1|t} - P_t]$ が決定されたもとで，インフレ率 $[P_{t+1|t} - P_t]$ が**結果**として決定されるというのが，その内容である．したがってインフレを起こせば，景気が反転し失業率が低下するという考え方は，理論の示す因果の方向と全く逆のことを語っているわけであり，それ自身無意味である．たとえインフレが加速したとしても，それが単にインフレ期待の昂進だけによるものであれば，現実の失業率には影響が及ばない可能性は，いくらでもあるのである．

「リフレ論者」の主張には，インフレの昂進ばかりに力点があり，不況

---

[9] この問題に関しては，大瀧 (2008, 2010) をも参照されたい．

の脱出はむしろ従の趣があるのは（あるいはインフレが加速するとなぜ景気が回復するかが全く不分明であるのは），偏にこうした「非論理性」にある．極言すれば，彼らの狙いはインフレを加速すること自身が目的であり，失業率の低下はそのための修辞にすぎないとも解釈できる．

　この際われわれは，インフレにより誰が得をするのか，冷静に観察せねばならない．名目資産を持つ人々（名目賃金も人的資本に対する報酬である）は損をし，投機の失敗で呻吟する者は労せず（アジア金融危機やリーマン・ショックの後始末が終わっていると考えるのは，楽天的にすぎる），負債を大幅に減ずることができる．これが市場の規律に反することはいうまでもなかろう．

　確かに Keynes (1936) は，景気回復のために徹底的な低金利政策を主張している．しかしながら，これは当時，世界全体での設備投資の落ち込みがあまりに激しく，少しでも有効需要を高めるための苦肉の策である．時代背景を弁えず，これを踏襲しようというのは愚策というものである．

　すなわち現代の世界経済は，アメリカの過剰消費に支えられ，中国を中心とした途上国では「実力」以上の成長を成し遂げている．こうした病理的な現象は，ドルを基軸通貨と認める限り（つまりドルの「信頼性」を維持しようとする限り），早晩大きな壁に直面するであろう．つまりケインズの時代とは逆に，浪費をいかに食い止め世界全体の有効需要を抑えるかということが，環境問題も含めたマクロ経済政策の在り方であると，筆者は思慮する．

　より具体的にいえば，労働集約的な産業の再生と世界全体での協調的な金融引き締めこそが，現時点で考えうる最善の政策であろう．ケインズは多色刷りの「教科書」から経済学を学び処方箋を書いたわけではなく，自己を含めた社会への深い洞察を通じて，直面する経済問題を抉り，遍き人々の立場に立って世界のあるべき姿を模索したことを，われわれはよほど肝に銘じなくてはなるまい．

参考文献

大瀧雅之 (1994).『景気循環の理論：現代日本経済の構造』, 東京大学出版会.
大瀧雅之 (2005).『動学的一般均衡のマクロ経済学：有効需要と貨幣の理論』, 東京大学出版会.
大瀧雅之 (2008).「「金融立国論」批判：日本経済の真の宿痾は何か」,『世界』776, 108-119.
大瀧雅之 (2010).「デフレは起きていない：現代日本の作られた悪夢」,『世界』810, 37-45.
大瀧雅之 (2011).「本当に「失われた」ものは何か？：「失われた10年」と「構造改革」を改めて問う」,『世界』814, 138-146.
大瀧雅之・玉井義浩 (2009).「貨幣経済における独占的競争の動学的役割」,『社會科学研究』第61巻第1号, 101-110.
北浦修敏・原田泰・坂村素数・篠原哲 (2003).「構造的失業とデフレーション：フィリップス・カーブ, UV分析, オークン法則」,『フィナンシャルレビュー』第67号, 75-119.
林健太郎 (1963).『ワイマル共和国：ヒトラーを出現させたもの』, 中公新書27, 中央公論社.
美添泰人 (2001).「指数理論の基礎的解説」http://www.yoshizoe-stat.jp/index.html
Arrow, K. J. (1962). "The Economic Implications of Learning by Doing", *Review of Economic Studies* 29, 155-173.
Blanchard, O. J., and N. Kiyotaki (1987). "Monopolistic Competition and the Effects of Aggregate Demand", *American Economic Review* 77, 647-666.
Buchanan, J. M., and R. E. Wagner (1977). *Democracy in Deficit: The Political Legacy of Lord Keynes*, N.Y., Academic Press.（深沢実・菊池威訳『赤字財政の政治経済学—ケインズの政治的遺産』文真堂, 1979年.）
Burke, E. (1790). *Reflection on the Revolution in France*, N.Y., Prometheus Books, 1987.（半澤孝麿訳『フランス革命の省察』みすず書

房,新版 1989 年・1997 年.)
Cagan, P. (1956). "The Monetary Dynamics of Hyperinflation", in M. Friedman (ed.), *Studies in the Quantity Theory of Money*, Chicago, University of Chicago Press, 25-117.
Calvo, G. A. (1983). "Staggered Prices in a Utility-Maximizing Framework", *Journal of Monetary Economics* 12, 383-398.
Campbell, J. Y., and N. G. Mankiw (1989). "Consumption, Income, and Interest Rates: Reinterpreting the Time Series Evidence", *NBER Macroeconomics Annual* 4, 185-216.
Carr, E. H. (1939). *The Twenty Years' Crisis*, with a new introduction by M. Cox, 2001, N.Y., Palgrave. (井上茂訳『危機の二十年――國際關係研究序説』岩波書店, 1952 年, 復刊 1992 年／岩波文庫, 1996 年.)
Carr, E. H. (1961). *What Is History?*, with a new introduction, by R. J. Evans, 1986, Palgrave Macmillan.
Chamberlin, E. H. (1933). *The Theory of Monopolistic Competition: A Reorientation of the Theoty of Value* (Eighth Edidtion), Massachusetts, Harvard University Press.
Coase, R. H. (1937). "The Nature of the Firm", *Economica* 4, 386-405.
Diamond, P. (1982). "Aggregate-Demand Management in Search Equilibrium", *Journal of Political Economy* 90, 881-894.
Diewart, W. E. (2009). "Cost of Living Indexes and Exact Numbers", *Discussion Paper 09-06*, Department of Economics, University of British Columbia.
Dixit, A. K., and J. E. Stiglitz (1977). "Monopolistic Competition and Optimal Product Diversity", *American Economic Review* 67, 297-308.
Friedman, M. (1968). "The Role of Monetary Policy", *American Economic Review* 58, 1-17.
Friedman, M., and A. J. Schwartz (1963). *A Monetary History of the United States 1867-1960*, Princeton, Princeton University Press.
Galí, J. (2008). *Monetary Policy, Inflation, and the Business Cycle: An Introduction to the New Keynesian Framework*, Princeton, Princeton University Press.
Hansen, L. P., and K. J. Singleton (1983). "Stochastic Consumption, Risk Aversion, and the Temporal Behavior of Asset Returns", *Journal of*

Political Economy 91, 249-265.
Hayashi, F., and E. C. Prescott (2002). "The 1990s in Japan: A Lost Decade", *Review of Economic Dynamics* 5, 206-235.
Hicks, J. R. (1939). *Value and Capital*, Oxford, Oxford Claredon Press. (安井琢磨・熊谷尚夫訳『価値と資本』岩波文庫, 1995 年.)
Keynes, J. M. (1919). *The Economic Consequences of the Peace*, London, Macmillan. (早坂忠訳『平和の経済的帰結』ケインズ全集第 2 巻, 東洋経済新報社, 1977 年.)
Keynes, J. M. (1921). *A Treaties on Probability*, London, Macmillan. (佐藤隆三訳『確率論』ケインズ全集第 8 巻, 東洋経済新報社, 2010 年.)
Keynes, J. M. (1925). "A Short View of Russia", in *Essays in Persuasion* 1972, London, Macmillan.
Keynes, J. M. (1930). "F. P. Ramsey", in *Essays in Biography* 1972, London, Macmillan, 335-346.
Keynes, J. M. (1930). "Economic Possibilities for Our Grandchildren", in *Essays in Persuasion* 1972, London, Macmillan.
Keynes, J. M. (1936). *The General Theory of Employment, Interest and Money*, London, Macmillan. (塩野谷祐一訳『雇用・利子および貨幣の一般理論』ケインズ全集第 7 巻, 東洋経済新報社, 1995 年；間宮陽介訳『雇用, 利子および貨幣の一般理論（上下）』岩波文庫, 2008 年.)
Keynes, J. M. (1949). "My Early Briefs", in *Essays in Biography* 1972, London, Macmillan.
Keynes, J. M. (1973). *The General Theory and After Part 2: Defense and Development*, London, Macmillan.
Kiyotaki, N. and R. Wright (1991). "A Contribution to the Pure Theory of Money", *Journal of Economic Theory* 53, 215-235.
Krugman, P. (1994). "The Myth of Asia's Miracles", *Foreign Affairs*, 62-78
Lucas, Jr., R. E. (1972). "Expectations and the Neutrality of Money", *Journal of Economic Theory* 4, 103-124.
Mankiw, N. G. (1985). "Small Menu Costs and Large Business Cycles: A Macroeconomic Model of Monopoly", *Quarterly Journal of Economics* 100, 529-539.
Mankiw, N. G., and R. Reis (2002). "Sticky Information versus Sticky

Prices: A Proposal to Replace the New Keynesian Phillips Curve", *Quarterly Journal of Economics* 117, 1295-1328.

McDonald, I. M., and R. M. Solow (1981). "Wage Bargaining and Employment", *American Economic Review* 71, 896-908.

McLure, M. (2006). "Two Views on Pareto's Current Relevance: Warren Samuel's Foreword to Pareto, Economics and Society", in J. G. Backhaus and J. A. Hans Maks (eds.), *From Walras to Pareto*, N.Y., Springer.

Mises, R. von (1957). *Probability, Statistics and Truth*, N.Y., Dover Publications Inc.

Moore, G. E. (1902). *Principia Ethica* (Revised edition edited and with an introduction by T. Baldwin) 1993, Cambridge, Cambridge University Press.（深谷昭三訳『倫理学原理』三和書房，1977年.）

Otaki, M. (2007). "The Dynamically Extended Keynesian Cross and the Welfare-Improving Fiscal Policy", *Economics Letters* 96, 23-29.

Otaki, M. (2009). "A Welfare Economic Foundation for the Full-employment Policy", *Economics Letters* 102, 1-3.

Otaki, M. (2010). "A Pure Theory of Aggregate Price Determination", *DBJ Discussion Paper Series* 0906, Research Institute of Capital Formation, Development Bank of Japan.

Otaki, M. and Y. Tamai (2011). "Exact Microeconomic Foundation for the Phillips Curve under Complete Markets: A Keynesian View", *DBJ Discussion Paper Series* 1005, Research Institute of Capital Formation, Development Bank of Japan.

Otani, K. (1985). "Rational Expectations and Nonneutrality of Money", *Weltwirschaftliches* 121, 207-216.

Pareto, V. (1913). "The Community's Utility Maximum in Sociology", in J. Wood and M McLure (eds.) 1999, *Vilfredo Pareto: Critical Assessments* Vol.3, London, Routledge, 307-310.

Phillips, A. W. (1958). "The Relation between Unemployment and the Rate of Change of Money Wage Rates in the United Kingdom, 1861-1957", *Economica*, New Series 25, 283-299.

Pigou, A. C. (1933). *The Theory of Unemployment* (new impression 1968), London, Frank Cass and Company Limited.（篠原泰三訳『失業の理論』

実業之日本社，1951年.）

Ramsey, F. P. (1928). "A Mathematical Theory of Saving", *Economic Journal* 152, 543-559.

Robbins, L. (1932). *The Nature and Significance of Economic Science*, London, Macmillan.（辻六兵衛訳『経済学の本質と意義』東洋経済新報社，1957年.）

Sandel, M. (ed.) (2007). *Justice*, Oxford, Oxford University Press.（鬼澤忍訳『これからの「正義」の話をしよう―いまを生き延びるための哲学』早川書房，2010年.）

Shephard, R. W. (1981). *Cost and Production Functions* (2nd edition), Berlin, Springer-Verlag.

Sidrauski, M. (1967). "Rational Choice and Patterns of Growth in a Monetary Economy", *American Economic Review* 57, 534-544.

Skidelsky, R. (2009). *Keynes: The Return of the Master*, N.Y., Public Affairs.（山岡洋一訳『なにがケインズを復活させたのか?』日本経済新聞出版社，2010年.）

Smith, A. (1776). *An Inquiry into the Nature and Causes of the Wealth of Nations*, E. Cannan (ed.) 1994, N.Y., The Modern Liberty.（山岡洋一訳『国富論―国の豊かさの本質と原因についての研究』上・下，日本経済新聞社，2007年.）

Sonnenschein, H. (1973). "Do Walras Identity and Continuity Characterize the Community Demand Function?" *Journal of Economic Theory* 6, 345-354.

Stiglitz, J. E. (2006). *Making Globalization Work*, N.Y., Norton & Company Inc.（楡井浩一訳『世界に格差をバラ撒いたグローバリズムを正す』徳間書店，2006年.）

Woodford, M. (1996). "Control of the Public Debt: A Requirement for Price Stability?" *NBER Working Papers* 5684.

Woodford, M. (2003). *Interest and Prices: Foundation of a Theory of Monetary Policy*, Princeton, Princeton University Press.

人名索引

Arrow, K. J.　91

Blanchard, O. J.　44
Burke, E.　8, 121, 124

Cagan, P.　22
Calvo, G. A.　19, 85
Campbell, J. Y.　94
Carr, E. H.　71
Chamberlin, E. H.　46
Coase, R. H.　75

Diamond, P. A.　4, 65
Diewert, W. E.　23, 38
Dixit, A. K.　46

Fisher, I.　20
Friedman, M.　31, 73

Galí, J.　4, 85

Hansen, L. P.　94
林健太郎　72
林文夫　87
Hicks, J. R.　104

Keynes, J. M.　4
清滝信宏　5, 44
Krugman, P.　120

Lucas, R. E.　15, 73

Mankiw, N. G.　19, 85, 94
Marshall, A.　50
松井宗也　29
McDonald, I. M.　56, 76
McLure, M.　104
Mises, R. von　117
Moore, G. E.　8, 121

大瀧雅之　43, 58
小谷清　37

Pareto, V.　104
Phillips, A. W.　7
Pigou, A. C.　8, 73, 105
Prescott, E. C.　87

Ramsey, F. P.　19
Reis, R.　19, 85
Ricardo, D.　124
Robbins, L.　8, 102
Robertson, D.　118
Robinson, J.　119

Sandel, M.　112
Schumpeter, J. A.　118
Schwartz, A. J.　31
Shepherd, R. W.　38
Sidrauski, M.　44

Singleton, K. J.　94
Skidelsky, R.　6, 115
Smith, A.　74
Solow, R. M.　56, 76
Sonnenschein, H.　50, 102
Stiglitz, J. E.　46, 120

玉井義浩　43, 85

Woodford, M.　19, 85
Wright, R.　5

美添泰人　38

事項索引

アルファベット
AD 曲線　94
AS 曲線　94
Hicks-Samuelson の 45° 線分析　26, 55
Keynes-Carr 型モデル　76
Keynes-Chamberlin 型モデル　46
Keynes-Walras 型モデル　22
learning by doing　91
LTC 危機　116
sticky information　19

ア行
愛国者　126
愛国主義　126
　狂信的――　126
アジア金融危機　140
新しいケインズ経済学　4
異時点間代替　20
一次同次関数　39
一般化 Nash 交渉解　56
一般化ナッシュ積　81
偽りの理論 (pseudo theory)　139
インフレーション　8
インフレ税　62
インフレ・ターゲット　139
ヴェルサイユ条約　72
失われた 10 年　128
売り手独占　82, 105

カ行
形而上学　121
快楽主義　121
価格　15
価格改定費用　19
貨幣数量説に基づく均衡価格関数　34
寡占　43
株主主権　74, 76, 128
貨幣経済　32
貨幣数量説 (quantity theory of money)　13
貨幣的現象　22, 96
貨幣の収益率　62
貨幣の中立性　5
加法分離的　23
カルボ・ルール　19, 44, 134
間接効用関数　89
完全雇用政策　74
完全市場　86
企業　83
基軸通貨国　130
擬似経済学　132
既得権益　112
規範的分析　55
均衡価格の流列　16
金融工学　132
口入屋理論　82
グローバリゼーション　124
　行き過ぎた――　129
経済学　101

経済的帝国主義の深化　129
経世済民の学　101
限界費用　15
現実主義者　124
交渉　76
厚生経済学の第一基本定理　6
構造改革　128
効用関数に含まれる貨幣　13
功利主義　112
効率的交渉　79
合理的期待仮説　5, 132
コスモポリタン　126
固有の価値（intrinsic value）　13, 14

サ行
差異性　136
財政乗数理論　6
最低賃金　105
自国権益の保護　129
自己実現的期待　133
事実解明的分析　54
支出関数　38
市場メカニズム　75
失業とインフレのトレード・オフ　96
失業保険　105
実質賃金　82
実質留保賃金　82
実物的景気循環理論　3
実物の現象　22, 96
資本移動の自由化　125
社員　83
社会主義　109
社会的な技術移転　88
所得移転策　61
仕分け　135
新市場獲得の必要性　129
真正インフレーション　22
人的資本　75
人道主義　6
真の生計費用　38

真の物価指数　40
信頼性（credibility）　18
政治経済学　101
生命保険　117
世代重複無限期間モデル　6, 23
セー法則　34
善　121
全体主義　109
総供給関数　94
相互規定的　6
相似拡大的　23
総需要関数　93

タ行
惰性　137
他人の意志に対する確信　31
端点解　16
長期フィリップス曲線　92
直接投資　125
貯蓄の洪水　129
定常均衡　26
ディスインフレーション　20, 88
デフレ・不況論　127
定常不完全雇用均衡　93
動学的に拡張された乗数過程　93
動学的非効率性　46
投機の清算　130
道徳科学　8, 51, 101
独占的競争　6, 45
独占利潤　43
取引費用　75

ナ行
内生的成長理論　8, 85
内点解　16
内部者　83
ナッシュ均衡　45
ニューケインジアン　116
人間性　126

事項索引

ハ行
ハイパーインフレーション　30
パーシェ（Paasche）物価指数　40
パレート原理　104
パレート効率性　3, 60
非自発的失業　72, 80, 136
非対称ナッシュ交渉解　81
フィリップス曲線　7
不完全市場　86
フリードマンの短期フィリップス曲線　86
不良債権買取政策　116
保険証券　117

マ行
埋没費用　112
マネタリスト　29
ミクロ動学理論　17
無限連鎖講　60
無慈悲な政府　128
名目貨幣供給量　16

名目賃金交渉　7, 76
名目留保賃金　54
目に見えない技術移転　125
メニューコスト　19, 44, 134

ヤ行
余剰（surplus）　43, 77

ラ行
ラスパイレス（Laspeyres）物価指数　40
リフレ論　139
リーマン・ショック　116
労働組合　82, 105
労働組合性悪説　82
労働者　105
ロワ（Roy）の恒等式　92

ワ行
ワイマル共和国　32
ワルラス均衡　6, 24

著者略歴

1957 年　福島県生まれ．
　　　　東京大学大学院経済学研究科修了．経済学博士．
現　　在　東京大学社会科学研究所教授．
専　　門　マクロ経済学，景気循環理論．
主　　著　『景気循環の理論：現代日本経済の構造』東京大学出版会，1994 年（第 37 回日経・経済図書文化賞受賞），『景気循環の読み方：バブルと不良債権の経済学』筑摩書房（ちくま新書 289），2001 年，『動学的一般均衡のマクロ経済学：有効需要と貨幣理論』東京大学出版会，2005 年，『基礎からまなぶ経済学・入門』有斐閣，2009 年．

貨幣・雇用理論の基礎

2011 年 5 月 20 日　第 1 版第 1 刷発行

著　者　大　瀧　雅　之

発行者　井　村　寿　人

発行所　株式会社　勁　草　書　房

112-0005　東京都文京区水道 2-1-1　振替　00150-2-175253
（編集）電話 03-3815-5277／FAX 03-3814-6968
（営業）電話 03-3814-6861／FAX 03-3814-6854
大日本法令印刷・牧製本

ⒸOTAKI Masayuki　2011

ISBN978-4-326-50348-3　　Printed in Japan

JCOPY　〈㈳出版者著作権管理機構　委託出版物〉
本書の無断複写は著作権法上での例外を除き禁じられています．複写される場合は、そのつど事前に、㈳出版者著作権管理機構（電話 03-3513-6969，FAX 03-3513-6979，e-mail: info@jcopy.or.jp）の許諾を得てください．

＊落丁本・乱丁本はお取替いたします．
http；//www.keisoshobo.co.jp

林　文夫　編集

経済制度の実証分析と設計（全3巻）

「失われた10年」と呼ばれる日本経済の1990年代の長期停滞はなぜ起こったか．その原因を究明し，日本経済を復活させる処方箋を探る．

第1巻　経済停滞の原因と制度　　A5判　4,725円　54851-4
長期にわたる日本経済の経済停滞（いわゆる「失われた10年」）を需要側の要因，供給側の要因から実証分析し，その実態，原因および結果について分析する．

第2巻　金融の機能不全　　A5判　3,570円　54852-1
中小企業，非製造企業，家計への銀行信用の収縮は企業の設備投資，家計の消費支出などのような支出行動を停滞させた．金融機能不全の実態を分析する．

第3巻　経済制度設計　　45判　3,990円　54853-8
公共投資をはじめとする財政政策の評価を行うとともに，日本経済復活のための財政・金融・社会保障・倒産法制・政治制度についての改革提言を行う．

齊藤　誠

成長信仰の桎梏　消費重視のマクロ経済学
　　　　　　　　　　　　　　　　　46判　2,310円　55054-8
「高水準で安定した消費を享受できる」ためのマクロ経済環境を築いていくには，どのような経済システムが必要か．

――――――――――――――――――――勁草書房刊

＊表示価格は2011年5月現在．消費税は含まれています．